古稀記念 손성기 산문집

새터마을 황소집

셋째아들, 세상 사는 이야기

예다인

〈새터마을 황소집〉을 출간하며

 요즘 같은 세상에 칠순 잔치를 하느냐고 비웃을 수도 있겠지만, 제 나이가 벌써 고희까지 살았다는 것이 느껴지지 않을 만큼 앞만 보고 바쁘게 세월을 달려와서 이제 뒤도 한번 돌아볼 시간이 된 것 같습니다. 인생은 잠깐 왔다가 사라지는 아침 안개와 같다는 성경 말씀처럼 제게 주어진 시간이 참 빠르게 지나갔다는 생각을 해보게 됩니다.

 이제 인생의 고희에 접어들어 뒤를 돌아다보니 남들은 평탄한 길을 걸어 왔다고 생각할지 모르겠지만 저는 파란만장한 우여곡절을 겪으며 살아왔다고 생각합니다. 우여곡절 속에서도 저는 나름 제게 허락된 인생을 열심히 살아왔다고 생각해 봅니다.

 나름 성공적으로 살아온 저의 인생은 저를 위해 기도해주신 가족들의 희생으로 얻은 결과물로 생각하고, 제 가족들에게 감사의 마음을 전합니다.

 먼저 8남매 셋째아들로 태어나 서울로 유학 보내서 대학교육의 기회를 주신 아버지께 우선 감사드립니다. 둘째, 아버지를 뒷바라지하시며 오직 자식들을 위해 희생하신 어머니의 헌신과 기도에, 셋째 회사 생활하면서 꿈을 펼칠 수 있도록 지도와 배려를 아끼지 않으신 임직원분들께, 마지막으로 제가 이 자리에 있기까지 열심히 건강을 챙겨주며 가족을 위해 헌신하고 있는 제 아내에게 고마운 마음 전합니다.

　이제 나이를 먹어 은퇴의 시간이 다가오니 가끔 옛날 제가 어렸을 적 추억이 생각나고 고향이 그리워지는 시간이 많아졌습니다. 그때마다 틈나는 대로 일상에서 생각나는 것들을 글로 써서 모은 것을 부족하지만 한 권의 책으로 발간하게 되었습니다.

　어린 시절 새터마을 황소집으로 소문난 우리집은 할머니와 부모님, 그리고 8남매 자녀들이 살아가면서 늘 북적거렸습니다. 지금은 할머니와 부모님, 그리고 큰형님과 큰누님까지 돌아가시고 남은 6남매가 서로 흩어져 살다보니 일 년에 한두 번 만나는 것도 쉽지 않은 일이지만, 그 시절을 그리워하며 함께 서로 정을 나누며 살아가고 있습니다.

　어린 시절 웃음소리가 끊이지 않던 화목한 가정이라고 마을 사람들은 칭찬하고 부러워했기에 그 시질이 늘 그립고 다시 돌아가고 싶은 마음이 가득합니다. 혈연이란 결국 선택이 아니라 하나님이 맺어준 운명체라고 하는데, 그 운명체 구성원들이 서로 화합하며 화목한 가정을 지킨다는 것은 신의 축복이라 아니 할 수 없습니다.

　사회가 점점 각박해져 가는 현시점에서 가족간에 서로 불신하고 불화하며 물질이 최고인 양 서로에게 상처를 입히면서 악연의 가족

관계를 이어가는 안타까운 가족들을 우리 주변에서 얼마든지 볼 수 있는 현실을 지켜보면서 우리 가족들에게 감사드립니다.

 지나간 세월을 되돌아보니 때로는 가난 때문에 불편할 때도 있었지만, 가난이 반드시 불행을 가져오는 것은 아니라고 생각하며 오히려 조금은 부족한 듯이 살아온 것이 진정한 행복의 참맛을 알 수 있었던 것 같습니다.

 조금은 부족했던 그 시절 하루 종일 밖에서 뛰놀고 집 안으로 들어오면, 식사 준비를 위해 어머니가 부지런히 맛있는 된장찌개를 끓이던 냄새처럼 우리 가족을 행복하게 만드는 것은 없었던 것 같습니다. 행복이란 그렇게 우리에게 주어진 소소한 일상에서 찾을 수 있기에 우리 다 함께 물질 만능시대에 나만 행복하면 된다는 생각에서 벗어나 가족들과 함께 행복의 나라로 함께 나아갑시다.

 끝으로 이 책이 나오기까지 전문가적인 문장교열과 편집교정까지 봐준 문예창작학과 출신의 이진훈 교감님 친구와 출판의 꿈을 이루게 해준 〈예다인〉사장 이형우, 나의 고향 옛집 풍경을 스케치하여 표지 그림으로 표출 해준 기태호 친구에게 감사의 인사를 표합니다.

 감사합니다.

 2024년 가을
 칠순을 맞으며 **손 성 기** 큰절

=새터마을 황소집 이야기

- 003-새터마을 사람들
- 005-할아버지와 할머니
- 006-종중 재산에 대하여
- 008-큰할머니
- 009-인천 큰할머니
- 011-할머니 소천하시던 날
- 013-강하지만 외로운 아버지
- 015-아버지의 밥상머리 교육
- 017-일본에 징용 끌려가신 날.
- 019-새터마을 황소집 이야기
- 021-아버지와 황소의 대결
- 022-아버지의 겨울 나들이
- 024-시제와 민어 이야기
- 026-막내 고모와 어머니
- 027-어머니와 길쌈
- 029-장대비 내리던 등굣길
- 031-엄동설한의 가족 사랑
- 032-겨울철 솜이불
- 034-추석 명절 5일장
- 036-설날 이야기
- 038-한식을 지내며
- 040-어버이날을 맞이하며
- 042-어머니 추모일
- 043-가족과 함께하는 여행

=가족들의 성장과 부모님

- 049-큰누님의 할머니에 대한 효성
- 050-둘째누님 시집가던 날
- 052-큰형님의 희생과 형제 사랑
- 054-배움에 대한 열망이 가득했던 셋째누님
- 056-둘째형을 후계자로 계획하신 아버지
- 058-서울로 유학 간 셋째아들
- 060-사업으로 고난 겪은 남동생
- 062-사과 농사와 효부상 막냇동생
- 063-월남전 참전한 사촌형
- 064-6.25, 74주년을 보내며
- 065-가족간 소통의 중요성
- 066-자식 교육에 대한 작은어머니의 인생
- 067-사촌들의 어머니에 대한 효성
- 069-여름 방학과 내종 사촌들
- 070-온 가족이 함께했던 담배 농사
- 072-아버지의 등목
- 073-비 오는 어느 여름날
- 074-배롱나무(목백일홍)와 능소화
- 075-봉숭아 꽃물 들이기
- 076-배추 농사 이야기
- 078-추석맞이 벌초

=꿈을 키운 어린 시절 이야기

- 083-토끼장과 토끼풀
- 084-비 내린 후 물고기 잡기
- 086-물 빠진 고대방죽에서 고기 잡기
- 087-초등학교시절 홍길동전
- 089-달걀귀신 이야기
- 091-미군 트럭과 가을 소풍
- 093-아카시아 꽃 따먹던 그 시절
- 094-서당골 할아버지와 오디 이야기
- 095-건넛마을 훈장 할아버지 (지관쟁이)
- 096-영랑골 수영장
- 098-그해 여름은 그렇게 또 지나갔다
- 099-방패연 날리던 겨울
- 101-새터마을에 스피커가 들어오던 날
- 103-가을 운동회
- 105-술 조사와 밀주
- 107-추석 명절 콩쿠르대회
- 108-춘궁기 보릿고개
- 111-원두막에서 꿈을 키우다
- 112-바지락과 칼국수
- 113-여름 방학 망둥이 낚시
- 114-원정 나온 노름꾼 이야기
- 115-모내기와 품앗이
- 117-반갑지 않은 가을 손님
- 119-이른 봄 파래 수확
- 120-정월 대보름 쥐불놀이

=성장기와 자취생활

◐ 123-중학교 자취 생활
◐ 125-나의 자가용 자전거
◐ 127-고등학교 유학 시절 자취 생활
◐ 129-여름 방학을 친구와 함께
◐ 131-여름철 수박파티
◐ 133-고등학교 시절 추억
◐ 135-우리 동네 예배당 진옥교회
◐ 137-새터마을의 아름다운 교회 종소리
◐ 138-크리스마스날 선물과 썰매 타기
◐ 140-성경에서 진리를 발견하다
◐ 142-군대 입대
◐ 143-하사관 조교 생활
◐ 145-주경야독으로 석사 학위를 취득하다
◐ 147-회사 생활과 나의 존재
◐ 148-요양원 이야기

=가족들과의 행복 이야기

◐ 155-맞선과 결혼생활
◐ 157-힘들었던 신혼생활
◐ 158-장모님과 함께했던 시간
◐ 161-큰아들이 태어나다
◐ 162-둘째아들 태어나던 날
◐ 164-처음으로 내 집으로 이사 가던 날
◐ 165-가족과 함께한 행복한 시간
◐ 167-아들 결혼과 며느리
◐ 169-천사가 태어나다
◐ 171-가족과 함께한 추석 여행

- 172-남쪽 바다 가족 여행
- 174-부산에서의 추석 연휴
- 178-두 아들을 지켜보며
- 180-갑진년 설을 보내며
- 181-가족들과 소소한 행복
- 182-도심에서 느끼는 작은 행복
- 184-아침 출근길
- 186-눈 내린 아침 출근길
- 187-해외에서 여름휴가
- 190-새로운 봄을 맞이하며
- 191-오월의 어느 날
- 192-비 오는 날의 아침
- 193-유월을 보내며
- 194-무더운 휴일을 보내며
- 195-여름의 끝자락에서
- 197-반가운 입추
- 198-가을의 문턱에서
- 199-가을은 떠나고 싶은 계절이다
- 201-맛있는 김치
- 202-동생이 보내준 바지락
- 203-친구와 산삼
- 204-겨울이 지나는 길목에서
- 206-찬비가 내리던 겨울날
- 207-감사의 계절
- 209-여유로운 휴일을 보내며
- 210-한 해를 보내며
- 212-아름답게 살아가는 사람들

새터마을 황소집 이야기

새터마을 사람들

　내가 태어난 고향은 충청남도 당진시 고대면 진관2리 1145번지이다. 통상명칭으로는 새터마을이라 부른다.
　주변이 나지막한 산들로 둘러 싸여 아늑한 느낌이 든다. 마을 한가운데 자리잡은 기름진 논에는 두루미가 모여들고, 마을 사람들은 산 중턱 아름드리 소나무밭을 개간하여 밭을 일구었고, 황토밭에 심은 고구마와 배추, 그리고 담배 농사가 주된 산업이었다.
　동쪽으로는 당진 읍내를 넘어가는 영랑사 뒷산이 보이고, 남쪽으로는 성당사 뒤 높은 산에는 오리가 둥지를 틀고, 고대저수지로 몰려든 철새들이 평화롭게 날아다니는 경치 좋고 인심 좋아 살기 좋은 동네였다.
　봄에는 뒷동산에 아름다운 진달래꽃이 만발하고 종달새와 꿩들의 짝을 찾는 소리가 울려 퍼지면 논과 밭에서 땀을 훔치며 일하는 새터마을 사람들은 성품이 온순하고 순박해서 외부 사람들이 법 없이도 살 사람들이라 불렀다.
　밀양 손씨 집성촌인 이 새터마을은 혼기에 찬 남녀들은 서로가 동성동본이라 같은 마을에서는 결혼 상대를 구하기가 어려웠고 드문드문 있었던 타성붙이도 따지고 보면 서로 혼맥으로 맺어진 사돈지간이라 가슴 설레는 연애사가 없는 동네. 얼굴 붉힐 일 없이 서로 협동하고 정을 나누며 살아가는 마을이었다.

꿈속에서도 그리운 새터마을 우리집 옛 전경

생가터에 새로 지은 집

할아버지와 할머니

　새터마을에는 한학자 한 분이 계셨는데 바로 나의 할아버지이시다. 당진군청에 근무하시던 할아버지는 새터마을의 지식인이자 지도자로서 마을 사람들로부터 많은 사랑과 존경을 받았다.
　할아버지는 마을 대소사 일을 잘 챙기셨으며 젊은 나이에 할머니와 사별을 하셔서 재혼한 할머니와 사이에 2남 3녀를 낳아 키우셨다.
　본관이 전주 이씨이신 할머니는 손주 사랑이 대단하셔서 동네에 잔치가 있을 때는 음식을 챙겨 오셔서 손주들에게 나눠 주시곤 하셨다.
　당시 할아버지는 많은 재산을 축적하셨는데 자손의 번창과 후손들의 미래를 위하여 종중 재산도 많이 마련하셨다.
　지금의 종중산(宗中山)과 종답(宗畓)도 그때 마련하여 지금까지 이어오고 있다.

종중 재산에 대하여

　할아버지는 선대 조상 묘소들이 이곳저곳에 흩어져 있어 명절 때 성묘를 하려면 한나절 이상을 다녀야 했고 벌초 등 관리도 제대로 할 수 없을 뿐 아니라 후손들을 위하여 산소 관리의 어려움을 덜어주기 위해서 종중 재산을 마련하셨다.

　종중 재산은 종중산과 시제답(時祭畓)이었는데 당시 종중이란 정식 회의체가 마련되지 않았지만 관습적으로 큰할아버지 장남인 당숙과, 할아버지의 장남인 큰아버지 명의로 이어져 왔다.

　그렇게 마련된 종답으로 시제를 지냈고 부족하면 돈을 모아서 충당했다. 여기저기 흩어져 있던 산소는 아버지 형제분으로 내려와 현재 위치로 이장되었다. 현재와 같이 말끔한 형태로 조성된 것은 2018년 한식 때였다.

　산소들이 들짐승들에게 시시때때로 훼손되어 한식 제사를 지내면서 종중원들은 묘소를 다시 조성할 것을 결의하였다. 모든 종중원이 십시일반으로 종중 자금을 기부하여 지금과 같은 멋진 종산(宗山)으로 꾸며지게 된 것이다.

　후손으로서 조상님들을 효로써 받드는 것이 마땅하고, 밀양 손씨 시조(始祖)인 손순(孫順) 할아버지의 큰 뜻을 후손에게 전하고, 시대가 변하면서 어떻게 효율적인 관리를 할 것인가 생각하며 후손들이 함께 그 책임과 당면한 문제를 슬기롭게 헤쳐 나아가야 할 것이다.

흩어져 있던 조상님들을 한 곳에 모신 묘역

큰할머니

　큰댁 뒤편에 있는 작은 초가집에 사셨던 큰할머니는 딸 하나 낳고 아들을 낳지 못한 탓에 평생을 한탄하시며 항상 담배를 피우시며 살아가셨다.
　그 시절에는 여자가 시집와서 아들을 낳지 못하면 대를 끊은 죄인 취급을 받았다.
　그런 큰할머니를 위하여 눈 오는 겨울날이면 할머니 댁으로 가는 길은 우리 형제들이 힘을 합쳐 눈을 쓸어 길을 뚫어 드렸고 엄동설한에 땔감이며 물동이 채우는 일은 아버지가 담당하셨다. 그런 할머니 댁에는 감나무와 대추나무가 있었는데 비바람 몰아치는 여름과 가을 아침 일찍 그곳으로 가서 나무 밑을 살펴보면 언제나 감과 대추가 떨어져 있어서 우리들의 간식거리가 되었다.
　큰할아버지는 아들을 낳지 못한 큰할머니를 새터마을에 남겨두고 인천에 올라가 새장가를 드신 후 고향에 내려오지 않으니 큰할머니는 외동딸 하나를 시집을 보내고 늘 신세를 한탄하며 한스러운 세월을 탓하시며 홀로 살아가셨다.

인천 큰할머니

새로 맞이한 인천 새 큰할머니는 몸이 건장하셔서 언제나 뒤뚱뒤뚱 걸으셨는데 집안 행사 때 새터마을에 내려오시면 사내대장부처럼 호탕한 웃음이 집 안에 가득하였다.

새 큰할머니가 인천으로 돌아가실 때에는 아버지께서는 늘 농산물을 챙겨드리곤 했는데 인천으로 향하는 배가 출발하는 보덕포까지 우리는 이른 새벽에 아버지와 함께 짐을 나르곤 하였다.

당진에서 인천까지는 일제시대부터 여객선이 다녀서 당진 사람들은 육로보나 여객선을 이용해 인천으로 가는 것이 훨씬 편해서 인천에는 당진 출신 사람들이 많이 살았다.

지금은 고속도로가 생기고 석문방조제를 쌓아서 보덕포에 여객선이 닿지 않지만 내가 초등학교, 중학교 다니던 1960~70년대만 해도 인천으로 가는 여객선이 보덕포에 자주 닻을 내려서 여객선을 보며 대도시를 향한 꿈을 키울 기회를 가졌다.

큰할아버지가 돌아가시고 인천 큰할머니는 당숙모와 함께 사셨는데 당숙모는 성품이 훌륭하셔서 언제나 사랑으로 우리 가족을 대해 주시곤 하셨다.

간호사셨던 당숙모는 큰할머니와 어머니께도 최선을 다하며 효도하였다.

당숙의 칠순 잔치

할머니 소천하시던 날

 손주 사랑을 최고로 여기시던 할머니께서 1969년에 갑자기 앓아누우셨다. 걱정 가득한 어머니는 할머니의 건강회복을 기원하며 불공을 드리기 위해 떡을 준비하여 성당사로 향했고 나는 호롱불을 들고 어머니 앞에서 길을 밝혀 드렸다.
 밤이 새도록 어머니는 불공을 드렸고, 무섭게만 보이는 부처님 때문에 나는 벌벌 떨다가 잠이 깊이 들고 말았다.
 불공을 마친 어머니께서 나를 깨울 때는 새벽이 되었다. 그렇게 며칠을 절에 다니시며 할머니의 회복을 위해 불공을 드렸으나 차도는 없었다.
 아버지께서는 고대 약방 아저씨에게 도움을 요청하였고 몇 번의 왕진이 있었으나 할머니의 건강은 점점 더 쇠약해지셨다.
 어느 날에는 아버지께서 급한 마음에 리어카에 할머니를 모시고 약방으로 달려가시기도 했지만 좀처럼 할머니 건강은 회복되지 않고 가족들의 걱정은 더욱 쌓여만 갔다.
 결국 할머니께서는 일흔다섯을(1895년생) 일기로 우리 곁을 떠나셨다.

할머니께서 하늘나라로 떠나시던 날, 상주를 비롯해 일가친척 100여 명이 꽃상여 뒤를 따랐다. 가족들의 통곡 소리는 새터마을에 울려 퍼졌다.

할머니를 보내신 후 아버지는 3년 상 치르시는 내내 슬픈 마음을 다스리지 못하셨다.

강하지만 외로운 아버지

토요일이건 일요일이건 아버지는 쉬는 날이 없었다. 새벽같이 일어나 황소에게 먹일 여물을 쑤느라 아궁이에 불을 지피고, 겨울에는 샘으로 가는 길에 쌓인 눈을 치워가며 물지게로 물을 길어다 물통을 채우셨다. 아침 식사가 끝나기가 무섭게 늘 쟁기를 지고 논과 밭으로 향하셨다.

소가 귀하던 시절, 아버지와 우리집 황소가 없으면 온 동네는 농사일을 할 수 없었다.

그 당시 우리집 황소는 사람 열 명의 일을 거뜬히 해치웠다. 아버지는 농번기가 되면 이 집 저 집에서 논 갈아 달라, 밭 갈아 달라는 성화에 하루도 편히 쉴 틈이 없으셨다.

추운 겨울철에도 따뜻한 아랫목에서 늦잠을 잘 수가 없으셨다. 근육질의 강한 팔뚝과 정강이의 근육은 장수 같은 모습이어서 아버지는 늘 그렇게 강한 줄로만 알았다.

11명 식구 대가족에서 아버지는 언제나 집안의 중심에 있었고, 집안 모든 일을 책임지셨다. 평소 말씀이 없이 과묵했으나 밥상머리 교육은 엄격해서 우리 8남매는 사춘기가 되어도 연애도 한번 제대로 해보지 못했다.

그러던 아버지께서 그토록 눈물이 많은 줄 할머니 장례 때 처음으로 알았다. 할머니께서 돌아가시던 날 아버지의 구슬픈 곡소리가 새터마을에 울려퍼졌고, 평소 보이시지 않던 눈물이 3년상 동안 삭망(朔望) 때마다 얼굴에 가득했다. 그렇게 강하던 아버지께서 할머니를 잃고 나서는 가장 약하고 외로운 사람이었던 것을 철이 들고 자식을 낳아 키우면서 알게 되었다.

아버지의 밥상머리 교육

아버지는 밀양 손씨 명천공파로 신라 개국공신 손순(孫順)의 후손이시다. 할아버지와 할머니 사이에 2남 3녀 중 장남으로 태어나(1922년 10월1일) 할머니를 모시고 동생들 모두를 출가시키셨으며 4남 4녀 자식을 낳아 훌륭하게 키워내셨다.

또한 일제시대와 6.25 전쟁을 온몸으로 겪으며 험한 세상 풍파를 이겨내셨다.

초등학교 졸업이 유일한 학력인 아버지는 가족들이 모두 모이는 식사시간에는 밥상머리 교육을 철저히 하셨는데 매일매일 귀가 따갑도록 듣는 내용은 손순 할아버지 가르침대로 조상에 대한 효와, 가족 및 이웃들과 함께 살아가는 기본적인 인성교육이었다.

손순매아설화(孫順埋兒說話)로 잘 알려진 대로 효성이 극진했던 시조 손순 할아버지 이야기와, 여름철 남의 원두막을 지나칠 때는 갓끈을 고쳐 매지 말아야 한다는 식의 도덕교육과, 이웃이 어려울 때 그냥 지나치지 말아야 한다는 인성교육이었다.

그래서 지나가는 길손이 저녁 늦게 찾아올 때는 기꺼이 건넌방을 내어주며 식사 제공까지 하셨고 떠나가는 손님에게 불편함이 없었는지 문안도 드렸다.

특히 아버지의 효에 대한 실천은 특별해서 할머니를 위하여 늘 읍내 5일장에 나가 생선 등 찬거리를 사 오셔서 할머니 진짓상에 올려드렸고, 돌아가신 후에는 3년상을 치르시며 효를 몸소 실천하였다.

일본에 징용 끌려가신 날

나라를 일본에 빼앗기고 힘들게 농사지은 곡식과 수저 등 쇠붙이는 전쟁 물자로 공출되었다 한다.

18세에 결혼한 아버지는 할머니와 고모들, 그리고 누나 등 9식구를 생계를 책임지는 가장으로 열심히 농사일하며 살았다.

당시 군청에 다니시던 할아버지 덕분에 몇 차례 징집을 면할 수가 있었는데 일본의 감시가 심하여 하는 수 없이 23세가 되던 1945년 2월에 강제징용으로 끌려가셨단다.

당진군청에서 출발하여 부산으로 이동하여 배를 타고 일본 히로시마에 위치한 제철소에서 강제 노역을 하셨단다.

당시 제철소에서 일하면서 일본 감시원의 무서운 눈초리와 모진 채찍, 그리고 욕설은 수도 없이 들으며 잠시 쉴 틈도 없이 일해야 했는데, 일하는 도중 허리를 다쳐 고생을 많이 하셨다고 했다.

태평양 전쟁이 막바지에 이르면서 미국이 일본 본토를 공격하고 히로시마에 원자폭탄을 투하해 수많은 사람이 죽어 나갔다.

당시 제철소에서 함께 일하던 징용자들은 제철소 근처에 있는 땅굴로 피신했는데 아버지는 땅굴 지하에서 흘러내리는 물을 마시면서 살아났다고 하셨다.

땅굴은 매우 깊고 큼지막하였는데 땅굴 입구 쪽에 있었던 사람들은 원자폭탄 열기에 모두 처참하게 죽었으나 땅굴 중간쯤에 있었던 아버지는 간신히 목숨을 건져 그해 해방이 되면서 1945년 12월에 가까스로 부산에 도착하여 귀국하셨다.

전후 사정을 모르는 할머니와 어머니는 매일 아침 일찍 장독대에 정화수를 떠놓고 무사히 돌아오기만을 비셨다.

한동네에서 같이 떠났던 강사묵 아저씨는 돌아왔는데 아버지는 소식이 없어서 돌아가신 줄로만 알고 모두가 걱정이 태산이었는데 해방된지 서너 달이 지난 후에야 돌아와서 온 가족들과 재회의 기쁨을 맞이하였다고 한다.

가끔씩 먼 하늘을 응시하며 들려주시던 아버지의 조선인 징용 이야기를 들을 때마다 나라가 얼마나 소중하며, 나라를 잃은 민족의 아픔이 얼마나 큰지 이해할 수 있었다.

새터마을 황소집 이야기

 새터마을 우리집 가보 1호는 단연코 황소였다.
 집 안 한쪽을 차지한 황소는 늘 가족들과 함께 지냈고 황소에게 먼저 여물을 주고 나서야 가족들이 아침 식사를 할 정도였다. 그렇게 황소는 우리 가족에게는 아주 귀한 존재로 대접받았다.
 어느 날 아버지께서는 두루마기 속 허리춤에 돈 보자기를 차고 황소를 사러 보령 우시장에 가셨다. 우시장에는 도둑이 들끓었기 때문에 소 장수든 소를 사러 온 농부든 돈 보따리를 옷 속에 깊이깊이 감추는 것이 관례였다.
 아버지께서는 밤늦게 황소와 함께 늠름하게 대문으로 들어오셨는데 우리 가족은 기쁨으로 그 건장한 새 식구 황소를 반갑게 맞이하였다.
 황소를 위해 할머니는 이른 새벽부터 쇠죽을 끓이시고 황소가 먹을 쇠죽에는 볏집 외에 쌀겨와, 사람도 먹기 힘든 메주콩이 들어갔다.
 김이 무럭무럭 나는 쇠죽이 구유에 가득 채워지면 구수한 냄새가 집 안에 가득 퍼지고 황소는 큰 혀를 내밀며 맛있게 쇠죽을 먹곤 하였다.

우리집에 온 황소는 이른 봄부터 늦가을까지, 이른 새벽부터 늦은 저녁까지, 언제 어디서나 아버지와 함께하였다. 멀리는 영랑골을 넘어 채운뜰까지, 그리고 건넛마을과 새터마을의 논밭을 갈기 시작하였고 아버지와 황소가 지나가야만 마을 사람들의 농사일이 시작되였다.

우리 집 황소는 건장하기로 소문이 나서 고대면 내 모든 암소를 신부로 맞이하곤 했는데 암소를 데리고 온 어른들은 황소의 우람한 모습을 보고 대만족을 하셨다. 어느 날은 우리집 황소가 복도 많아서 오전과 오후 하루 두 번씩이나 신부를 맞이하기도 했었다.

그런 황소는 당진군 내 우량 소 경진대회 나가서 우승 꽃다발을 목에 걸고 부상까지 받아서 대문으로 들어오던 황소는 우리집의 대들보 같은 존재였다.

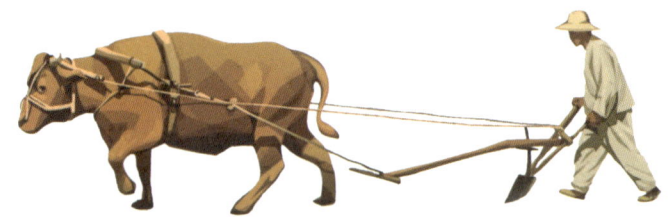

아버지와 황소의 대결

농사철이든 아니든 아버지는 언제나 황소와 함께하였다. 이른 아침 채운뜰을 지나 중학교에 등교하다 보면 춘삼월의 차디찬 살얼음이 다 녹기도 전인데 멀리서 논을 가는 아버지의 모습이 보이곤 하였다.

황소의 입에서는 나오는 하얀 입김과 쟁기를 잡고 소를 모는 아버지의 모습이 멀리 보였는데 언제부터 시작했는지 벌써 몇 마지기째 논을 갈고 있었다.

때로는 삼복더위에 일하던 황소가 일에 지쳐 화가 났던지 아버지를 들이받으며 공격을 한 적이 있었다. 화가 난 아버지와 황소의 대결이 시작되었고, 아버지가 휘두른 쇠말뚝에 황소가 아니라 황소 곁에 있던 큰형님이 큰 상처를 입기도 하였다.

황소를 가족같이 귀중하게 여기던 아버지가 처음으로 화를 내셨는데 무덥던 그 날은 서로가 마음이 통하지 않은 날이었던 것 같다.

저녁 쇠죽을 끓여 구유에 넣어주시며 미안한 마음에 아버지는 황소의 털을 쓰다듬어 주시며 화해하셨다.

아버지의 겨울 나들이

　가을걷이가 끝나고 한해 농사를 마치면 아버지께서는 솜바지, 솜저고리에 두루마기를 차려입으시고 멋진 중절모자를 쓰시고 인천으로 나들이를 다녀오시곤 했다.
　당진에서 인천으로 가는 교통편은 여객선이 유일했다. 오랜만에 인천 나들이를 하신 아버지는 그곳에 사는 당숙과 사촌 형제들의 사는 모습을 돌아보고 눈부시게 발전하고 있는 도시의 모습을 구경하기 위함이었다.
　당숙과 조카들을 만나 세상 돌아가는 이야기, 집안 이야기며, 도시 생활 이야기, 자식들 앞날 걱정 등을 화제로 삼으셨다 한다.
　아마도 8남매나 되는 많은 자식을 도시로 보내 공부시킬 수는 없고 그래도 한두 명은 대처로 보내 교육시킬 생각도 하셨던 것 같다.
　인천을 다녀오신 아버지는 객지 생활의 어려움이 얼마나 큰지를 말씀해 주시면서 머슴살이의 마음 자세 이야기로 우리 남매를 일깨워 주시곤 했다.
　'도시의 직장인은 그 회사의 머슴이다. 머슴은 항시 주인보다 일찍 일어나야 하고 부지런해야 한다. 주인의 마음을 바로 알아차려야 밥을 먹고 사는 것이다.'라며 장차 직장 생활할 때의 마음가짐을 깨우쳐 주셨다.

 그러나 정작 아버지는 도시 생활이 마음에 들지 않으셨는지 고향 당진에서 황소와 함께 황소처럼 농사를 지으면서 할머니를 모시고 한평생을 사셨다.

 '고향 무정'이나 '흙에 살리라'는 아버지의 애창곡이었다. 이런 노래를 즐겨 부르며 고향을 사랑하시며 새터마을에서 한평생을 사셨다.

시제(時祭)와 민어 이야기

　들판의 가을걷이가 끝나갈 때 즈음이면 아버지는 시제 제물을 장만하시러 당진 읍내시장을 다녀오셨다.
　시제는 5대조 이상 조상께 일종의 추수감사 의식으로 한해 농사지은 새로운 곡식으로 제물을 마련했다.
　농산물 외에 어물이나 육고기는 읍내시장에 가서 사 오셨는데 그 가운데에 가장 비싼 음식이 어적(魚炙)으로 쓸 민어였다.
　시제상(時祭床)에는 육적(肉炙), 어적(魚炙), 계적(鷄炙) 등 3가지 적을 올렸다.
　아침 일찍 당진읍내 5일장으로 출발하신 아버지는 어린 아이만큼 큰 민어를 사 오셔서는 '조상님께 정성을 다해야 집안이 잘 되는겨!'라는 말씀을 자주 하셨다.
　시제를 준비하시느라 어머니는 허리를 펴지 못한 채 며칠 동안 고생을 하셨다.
　시제 날에는 집안 사람들이 모두 모여들었고 정성스럽게 잘 차려진 시제상을 바라보며 입가에 미소를 띠시며 이구동성으로 '이제 한해 농사를 다 끝냈다.'며 흐뭇해 하셨다.
　제사가 끝나면 동네 사람들은 모두 줄을 서서 제물을 받아먹었다.

떡과 과일에 민어 한 토막씩 분배했는데 시제 몫을 두 손 가득 받아들고 흡족해했던 어린 시절이 가을이면 생각이 난다.

'염불(제사)에는 마음이 없고 잿밥(제물)에만 관심 있다.'는 속담이 나의 어린 시절 이야기인 듯하여 입가에 절로 웃음이 돈다.

막내 고모님과 어머니

　20대 초반에 갓 결혼한 새댁인 막내 고모님이 깜깜한 밤중에 물건을 찾다가 그만 성냥불을 새 이불에 떨어뜨려서 시집갈 때 가져간 혼수품을 몽땅 태워 버렸다.

　시대가 시대인지라 매서운 시어머니의 질책은 계속되었고 막내 고모님은 결국 친정으로 쫓겨나듯 돌아와야 했다. 쫓겨온 시누이의 눈물을 닦아주며 어머니는 일 년을 함께 보냈다.

　어머니께서는 결혼한 지 몇 달 만에 소박맞아 온 어린 시누이를 위해 목화를 심으셨다. 봄에 심은 목화씨가 자라나 연분홍 목화꽃이 피고, 가을이 되어 하얀 목화솜이 송이송이 눈송이처럼 달리면 시누이와 올케는 그것을 따다가 읍내 솜틀집에 가서 솜을 틀어다가　며칠 밤을 함께 지새워서 새 솜이불을 다시 장만한 뒤에야 시댁으로 다시 돌아갈 수 있었다.

　그렇게 힘들고 어려운 사건을 함께 해결한 두 분은 누구보다도 서로를 이해하고 배려하는 마음이 넓어서 집안에 대소사가 있어 막내 고모님이 친정에 오시면 시누이 올케 간 정답고 화목한 이야기는 밤이 새는 줄 모르게 이어졌다.

어머니와 길쌈

어머니께서는 평산 신씨 이상공파 후손으로 고려 개국 공신 신숭겸의 후손이시다. 예산에서 2남 2녀의 막내딸로 태어나 우리 집안으로 19세에 결혼하여 들어오셨다.

어머니께서는 유교사상이 엄격한 대가족 가정에서 수많은 대소사를 치르며 오직 가족과 자식에 대한 희생으로 한평생을 사신 분이셨다.

어머니를 회고하자면 나의 이야기는 끝이 없다. 어머니의 삶은 늘 분주하셨다. 그 중에서도 길쌈은 어머니를 더욱 분주하게 만든 고된 일이었다.

손수 누에를 쳐서 비단실을 뽑아 비단옷을 지으셨고, 목화를 심어 씨아로 목화씨를 빼서 물레를 돌려 무명실을 자아내시기도 했다.

그 무명실로 손수 가족들 옷을 지어 입히셨다. 삼[마麻]을 심어 베를 짜서 삼베옷은 물론 수의와 상복까지 지으셨다 삼베옷은 통풍성이 좋아 여름옷으로 최고였다.

예전에는 어르신이 계신 집안에서는 수의(壽衣)를 미리 장만해 놓는 풍습이 있었는데 어머니는 그 일을 묵묵히 혼자 힘으로 해내셨다.

늦은 봄 세 잠을 잔 누에는 하루가 다르게 징그럽게 자라는데 뽕잎을 갉아먹는 소리는 소나기 내리는 소리처럼 들렸다.

누에가 고치를 만들면 명주실을 뽑아냈다. 실을 뽑고 난 번데기는 먹을 것 없던 궁핍한 시절에 우리들의 맛있는 간식거리요, 최고의 단백질 공급원이었다.

어머니는 아름다운 비단옷도 잘 지으셨다. 누에고치를 가지고 눈부시게 하얀 비단실을 뽑아내서 갖가지 색으로 염색을 하고, 그 비단천으로 아름다운 비단옷과 이불을 만들어 내셨다.

또한 대마초를 심어서 얻은 베로 베옷을 만드셨는데 베틀에 앉아서 찰깍찰깍거리며 실꾸리가 오가면 어머니의 작은 손끝에서 삼베옷이 만들어졌다.

할머니가 앓아누우신 뒤부터 어머니는 수십 명이나 되는 상주에게 입힐 상복을 준비하셨다. 친인척 가운데 누구 하나 몸의 치수가 어긋남 없이 누가 입을 상복인지 표시해 가며 큰일 치를 준비를 차근차근 해내셨다.

장대비 내리던 등굣길

하늘이 캄캄하고 요란스럽게 번개가 치고 천둥이 울리는 아침이면 나는 곧잘 국민학교(지금의 초등학교) 때 등굣길을 떠올린다.

국민학교 시절 장마철에 하굣길에 당미마을 고개를 넘어오다가 마주친 비바람에 허접한 우산은 날아가 버려서 흠뻑 젖은 몸으로 집에 돌아오는 날이 부지기수였다.

그런데 이튿날 아침 다시 사나운 날씨를 만나니 어린 마음에 등교할 일이 태산만큼 걱정이었다.

비에 젖은 책과 공책들을 아랫목에 널어놓았으나 아침이 되어 채 마르지도 않은 그것들을 가지고 다시 학교에 가야 하는데 비는 그치지 않고 변변한 우산도 없으니 난감하기 이를 데 없었다.

백두산(고대의 작은 산) 골짜기로 세차게 내려오던 냇물은 이 비에 얼마나 불어나 있을지? 방 안에서 걱정걱정하다가 밖을 나와보니 어머니는 벌써 자식들 우비를 만들어 놓으셨다.

어떤 일이 있더라도 학교에 빠지는 일은 없어야 한다며 '비료포대(비료를 담는 커다란 비닐 봉지)'를 이용해 비옷을 만드신 것이었다.

우비도 우산도 변변한 것이 없던 시절, 비료 포대는 요긴한 우비 대용품이었다. 머리 내놓을 구멍 하나, 두 팔 뺄 구멍 둘을 뚫고 뒤집어쓰면 우비가 되는데 그 꼴이 영락없는 허수아비 형상이었다.

비 내릴 때 어른들이 들판에서 일하며 뒤집어쓰던 비료 포대를 우비랍시고 걸치고 학교에 가자니 친구들이 보면 놀려 댈까봐 여간 창피한 것이 아니었다.

그래서 미적거리며 보채고 있자니 어머니는 내 등에 책보를 매어 주시고 비에 젖지 않도록 비료 포대 우비를 질끈 동여매 주셨다. 칭얼대는 내게 어머니는 공부를 열심히 해야 한다며 어깨를 다독여 주셨다.

비료 포대 우비를 입고 등교 준비를 끝낸 나는 새터마을을 지나 당미마을 언덕을 넘어 백두산 골짜기 냇물을 건너 학교에 갔는데, 교실에 들어가 보니 듬성듬성 친구들 자리가 비어 있었다.

거센 비에 냇물이 불어나 등교하지 못한 아이들이 많았던 것이다. 그 시절에는 비 오고 폭설 내리면 학교 가는 길이 끊긴 적이 많았다.

힘겹게 등교하고, 하굣길에 또 비를 맞으며 집에 돌아오니 어머니께서는 감자와 옥수수를 한 솥 가득 삶아 놓으시고 환한 웃음으로 나를 맞아 주셨다.

엄동설한의 가족 사랑

 펑펑 눈이 내리던 겨울날이면 으레 집에 기르던 토종닭 한 마리가 가족들의 단백질 공급을 위해서 희생되곤 했다.
 십여 명이나 되는 대가족에 닭 한 마리로는 턱없이 부족했지만 어머니는 가마솥에 미역을 넣고 갖은 양념을 해서 닭국을 끓여 내셨다. 온 가족이 닭고기 한 점이라도 맛볼 수 있도록 닭고기를 잘게 잘게 찢어 넣으셨다.
 식사를 준비하는 며느리에게 할머니께서는 '애야 작은애가 걸리는구나.' 한마디 하시면 어머니께서는 주전자에 닭다리를 넣은 닭국을 내게 건네시며 작은댁에 다녀오라고 하셨다.
 함박눈이 내려 푹푹 빠지는 뒷동산 언덕을 넘어 나는 조심스럽게 작은댁으로 가서 드리면 정성이 담긴 주전자를 받아든 작은어머니는 꽁꽁 얼어붙은 두 손을 화롯불에 녹여주셨다.
 돌아오는 길에 하얗게 눈 덮인 길에는 발자국이 끝없이 이어지고 머리 위로는 함박눈이 쌓여갔지만 엄동설한 한겨울에 희생된 토종닭 한 마리는 매서운 추위를 녹여주었던 어머니의 따뜻한 가족 사랑이었다.

겨울철 솜이불

검정 이불 홑청은 풀을 먹인 광목이었다. 목화솜을 가득 넣은 이불 하나에 온 식구가 들어가 잠을 잤으니 이불 크기와 방바닥 넓이가 같을 정도였다.

추운 겨울이면 방바닥 온기를 지키느라 이불을 개지 않고 그대로 펼쳐 놓았다. 그러면 불을 때지 않은 낮에도 방바닥은 따뜻했다.

아랫목 이불 속에는 점심 때 먹을 밥그릇들이 옹기종기 놓여 있었다. 어른들은 밖에서 이엉을 엮거나 땔나무를 하러 산에 갔다가, 아이들은 얼음판에 가서 썰매를 타다가 꽁꽁 언 손을 호호 불며 들어와 이불 속으로 손과 발을 넣어 녹였다.

철없는 아이들은 조금이라도 제 몸을 이불로 감싸려고 싸우다가 어른들께 꾸지람을 듣기 일쑤였다. 밤이 되면 다시 열한 식구의 스물두 개 발이 이불 속으로 모여들어 가족 사랑을 키워 나갔다.

모질게 추운 겨울날에 윗목에서는 시냇물 소리를 내며 콩나물이 자랐다. 검은 보자기를 씌워 놓은 콩나물시루에서는 고개 숙인 콩나물이 무럭무럭 자라났다.

물만 먹는데도 콩나물은 잘도 자라서 우리 가족의 콩나물국이 되고 반찬거리가 되어 주었다. 우리 가족은 부쩍부쩍 잘도 자라는 콩나물을 보며 미래에 대한 희망과 겸손과 배려를 배웠다.

늘 따뜻한 아랫목은 할머니의 잠자리였고, 가족을 책임지고 있는 아버지는 방구들 중심에서 주무셨다. 가족의 사랑과 희생의 한가운데에는 어머니가 계셨다. 솜이불 하나로 따뜻하게 방을 데워가며 겨울밤 가족 사랑은 익어갔다.

동지섣달 긴 긴 밤 퉁가리(둥우리)에 저장된 고구마를 꺼내 삶아 쭉쭉 찢은 김치로 둘둘 말아 가족들과 함께 먹으며 정을 나누던 가족들이 생각나는 한겨울이 지나고 있다.

추석 명절 5일장

추석이 다가오면 노천명 시인의 〈장날〉이라는 시가 생각난다.

대추 밤을 돈 사야 추석을 차렸다.

이십 리를 걸어 열하룻장을 보러 떠나는 새벽,

막내딸 이쁜이는 대추를 안 준다고 울었다.

송편 같은 반달이 싸리문 위에 돋고,

건너편 성황당 사시나무

그림자가 무시무시한 저녁,

나귀 방울에 지껄이는 소리가

고개를 넘어 가까와지면

이쁜이보다 삽살개가 먼저

마중을 나갔다.

영락없는 우리집 이야기를 시로 쓴 것이다.

추석이 다가오면 아버지께서는 이른 새벽부터 며칠 남지 않은 추석 명절을 준비하기 위해 마늘이며 잘 말린 고추를 지게에 가득 실었다.

 어머니 또한 돈 될 만한 곡식을 머리에 이고 영랑골 고개를 넘어 채운뜰을 지나 당진시장으로 향했다.

 그렇게 이른 봄부터 가을까지 힘들게 가꾼 곡식들이 추석을 준비하기 위하여 팔려나갔고 일부는 차례상 준비로, 또 일부는 추석빔으로 바뀌었다.

 당진시장 입구부터 장사꾼들의 손뼉소리와 호객 소리가 요란하고, 한 푼이라도 더 받고자 하는 사람들과 한 푼이라도 더 싸게 사고자 하는 사람들로 북새통을 이루었다.

 어머니는 좌판에 놓인 사고 싶은 물건들에 눈이 가고 가족 하나라도 소외됨이 없도록 계산해 보지만 가족은 많고 손에 쥔 돈은 너무나 보잘것 없어 안타까워하셨다.

 추석이 되어 저 멀리 신작로에 버스가 정차하고, 고향 떠난 가족이 내리는 모습이 멀리서 보이면 숨이 차도록 달려가 객지에서 고생하고 돌아오는 누님과 형님의 선물을 받아들고 반갑게 추석을 맞이하곤 했었다.

 우리는 그렇게 추석 명절을 준비하고 기다리고, 헤어졌던 가족들과 기쁨으로 맞이하곤 했었다.

 이제는 내가 할아버지가 되어 어린 시절 그러했던 것처럼 아들 며느리 손주를 기다리며 반갑고 행복한 추석이 되길 기원해 본다.

설날 이야기

　핵가족이 되어가는 지금은 명절 분위기가 옛날 같지는 못하지만 어린 시절 설 명절 준비는 한 달 전부터 시작되었다.
　제일 먼저 동네 아저씨들이 모두 모여 볏짚으로 이엉을 엮어서 초가지붕을 새로 단장하고 나면 좁은 방안에는 콩나물과 숙주나물 기르는 빗소리가 들렸고 윗목을 차지한 항아리에서는 술 익는 냄새가 진동하였다.
　사랑방 가마솥에서는 엿을 고는 장작불이 밤새 활활 타오르고 할머니와 어머니는 한과를 맛있게 만들어 내셨다.
　일년 내내 농사지은 곡식으로 어머니는 8남매의 설빔으로 검정 고무신과 양말, 내복을 하나씩 마련해 주셨다.
　쌀을 쪄서 당미 방앗간에 가지고 가서 아버지는 김이 무럭무럭 나는 가래떡 사리를 지게에 짊어지고 오시면 하루 정도 지나 꾸덕꾸덕해지면 온 가족이 모여 앉아 가래떡을 잘게 썰었다.
　어디 그뿐이던가?
　저녁이 되면 어머니는 시루떡과 노란 콩고물을 묻힌 인절미를 만드셨는데, 인절미는 떡 중에 제일이었다. 동태전을 비롯해 여러 가지 전을 부치고, 감주도 만드셨다.

사랑방 부엌 가마솥에는 고기뼈를 삶아 떡국을 끓일 육수(肉水)를 준비하셨다.

드디어 그렇게도 기다리고 기다렸던 설날 아침, 우리 8남매는 어머니께서 장만해 주신 설빔을 차려입고 차례를 지내러 큰댁에 올라갔다.

큰댁, 우리집, 작은댁 세 집 식구가 모두 모이면 남자만 족히 20명이 넘어서 차례를 두세 번씩 나눠서 지내야 했다.

차례를 지내고 나면 잘 차려진 아침상을 받았다. 그 어느 날에도 먹어보지 못한 음식을 배불리 먹을 기회이다 보니 과식은 필수였다.

뿔뿔이 흩어져 있는 조상 묘소를 찾아다니며 성묘하고 나면 배가 푹 꺼져 출출해진다.

점심때가 되어 우리 집에서 모두 모여서 맛있게 점심을 먹고 나면 동네 사람들과 함께 윷놀이하거나 화투놀이를 하였다.

저녁이 되면 작은집으로 몰려가 작은댁에서 준비한 동동주와 저녁을 먹고 나면 어른이나 애나 할 것 없이 얼큰한 술기운에 어깨동무하고 노래를 부르며 지나간 한 해에 대한 감사와 가족 간의 우애를 다지며 다가온 새해에 대한 기대와 희망에 부풀어 있었다.

한식을 지내며

 오늘도 아침에 눈을 뜨면 주어진 하루가 있음에 감사하는 마음으로 시작한다.
 벌써 3월의 끝자락이 지나가고 봄 향기 가득한 4월의 문이 열리고 있다.
 남쪽 지방에는 벚꽃이 한창이고 주변을 둘러보면 어디든지 매화꽃 개나리꽃이 만발한 아름다운 봄이자 생동감 있는 계절이다.
 봄비가 내리고 나면 내 고향 새터마을 농부의 손길은 더욱 바빠지고 고향 산천은 연두색의 아름다운 그림으로 예쁘게 채색되고 머지않아 이곳저곳 꽃들은 더욱 아름답게 피어날 것이다.
 오늘은 한식(寒食) 제삿날로 고향에 내려가서 산소도 돌보고 오랜만에 고향에서 살고 있는 가족들도 만나고 조상님께 인사도 드리려 한다.
 부모님 세대들은 수시로 제삿날이 있어서 조상님 제사를 모시느라 힘들었을 텐데 지금은 부모님 제사를 제외한 윗대 조상님들은 한식날을 잡아서 모든 후손이 함께 조상님께 예를 올리고 있다.
 한식이 지나면서 꽃 축제가 여기저기서 펼쳐지고 초록의 싱그러움은 시간이 지나면서 더해 갈 것이다. 꽃향기와 봄 내음 가득 담긴 봄날, 조상님 섬기는 일뿐만 아니라 가족 간 따뜻한 정을 나누며 즐겁고 행복한 한식을 보내고 오리라 다짐한다.

행사를 마치고 가족들과 함께

어버이날을 맞이하며

 어버이날이 되면 자식들에게 축하를 받아 기쁘기도 하지만 늘 마음 한구석에 짠한 생각이 가득하고 살아생전 효도 한번 제대로 못한 것 같아 죄송한 마음이 가슴 한구석에 가득하다.
 신혼 시절, 단칸방 반지하 셋방에서 탈출하기 위하여 애쓰던 그 시절, 어버이날에 고향에 찾아온 아들에게 뭐라도 챙겨주시려고 트렁크 가득 농산물을 실어주고 보이지 않을 때까지 멀리서 지켜보면서 손을 흔들고 계시던 부모님.
 받는 사랑보다 주는 사랑으로 살아오셨고 힘들었던 나의 삶에 꽃씨를 뿌리고 흙이 되어 주신 두 분, 방황할 때 나의 가슴에 별을 심고, 꿈을 심어 주신 두 분, 그런 부모님을 생각하면 늘 아쉽고 보고픈 마음 가득하다.

이제 내 나이 회갑을 훌쩍 넘기고 고희(古稀)를 맞고, 한 살 두 살 세월이 회색으로 물들어가고 있는 지금 남은 인생을 무엇을 어떻게 남기고 떠나야 할지 생각해 본다.

'자식은 봉양하고 싶으나 부모는 기다려주지 않는다(子慾養而親不待).'라는 옛말처럼 대부분의 자식은 부모님이 계속 같이 살 것이라고 생각하지만 그러나 대부분 부모님은 자식이 효도하려고 하면 이 세상에 계시지 않는 경우가 많아 후회를 많이 하게 된다.

아버지 회갑잔치 기념 가족사진

아버지 칠순잔치 기념 가족사진

어머니 추모일

　음력 5월 9일은 어머니 추모일이다. 어머니 추모일에는 고향에 내려가 고향에 있는 형제들도 만나고 함께 추모 예배를 드리고 식사를 함께하고 올라왔다.
　뜨거운 날씨에 형제들과 함께 산소의 잡초를 제거하고 나니 온몸은 땀으로 흠뻑 젖어 있고 몸은 힘들었지만 깔끔해진 부모님 묘역을 돌아보며 의미 있는 땀을 흘렸다고 우리 형제들은 흐뭇한 미소를 지었다.
　살아가면서 매일 매일의 삶이 행복한 삶은 아니지만 서로 소통하고 배려하고 사랑을 나누며 사는 것이 행복이라 생각한다.
　하루하루에 충실하고 작은 일들이 모여 그 인생의 삶을 형성하듯 작은 일들 하나라도 소홀하게 지나치지 말자고 부모님 묘 앞에서 다짐했다.
　오늘도 한 걸음 한 걸음 걸을 수 있다는 것이 행복이지 꼭 정상에 오르는 것이 목적은 아닐 것이다. 항상 그러하듯 삶에 감사한 마음을 갖고 살아가는 것이 행복임을 깨닫는다.
　자식을 위해서라면 모든 것을 희생하신 어머니! 어머니가 살아온 인생을 돌아보면서 더욱 어머니가 그리워지는 날이다.

가족과 함께하는 여행

  우리 6남매 형제자매와 그 가족들은 1년에 두 번, 봄, 가을에 여행을 함께하며 가족 간 우애를 다지고 있다. 여행하며 부모님을 기리고 추억하는 것을 빠트리지 않는다.
  우리 6남매는 그동안 제주도와 대천 해수욕장, 경복궁과 청와대, 설악산, 제천 등을 다녀왔고 올해는 판문점과 도라전망대를 거쳐 제3땅굴을 다녀왔다.
  칠팔십을 넘긴 가족들은 긴 여행이 힘들 때도 있지만 여행을 함께하며 추억을 공유하고, 지금 삶의 이야기를 나누는 데 큰 의미를 부여하고 있다.
  부모님 밑에서 자라며 지냈던 추억을 공유하는 것이 무엇보다도 즐거운 일이다. 큰누님과 큰형님이 먼저 가셔서 만날 때마다 아쉬움이 많다. 시간이 지날수록 함께 여행할 기회는 점점 줄어들겠지만 먼훗날 비록 여행은 함께 못 하더라도 함께했던 추억에 행복할 것이다.
  '삶은 별것 아니다.'라는 누님의 말씀처럼 살아 있는 동안 기쁨과 행복을 함께하는 삶이 중요하며 서로 약속한 것처럼 내년에는 국내에서 해외로 여행지를 바꿔서 남아 있는 시간을 가족들과 즐겁고 행복한 여행을 하고 싶다.

설악산 여행 중에

제주도에서

제주도에서

충주호 여행 중에

뉴질랜드에서 온 사촌과 대천에서

파주 임진각 근처에서 한 잔

어머니 추도식을 마치고 가족들과 함께

경복궁에서 가족들과 함께 행복한 시간

파주 철책선과 땅굴 관광을 하며

가족들의 성장과 부모님

큰누님의 할머니에 대한 효성

살림 밑천이라던 큰누님은 한겨울에 땔감 준비를 위해 뒷산에 올라가 솔방울과 떨어진 나뭇가지를 주워 왔다.

저녁밥 짓는 구수한 냄새가 집 안에 가득하고 밥 짓는 연기가 바람 타고 뭉게구름이 되어 피어오르면 밖에서 뛰놀던 황구는 꼬리를 흔들고 왕눈이 황소와 돼지는 즐거운 소리를 질러댔다.

누님은 어머니 곁에서 늘 집안일을 도와야 하는 한편 길쌈을 해서 가족들의 옷을 만들고 빨래를 하며 바다로 나가서 반찬거리 준비하며 살림 밑천 큰딸 노릇을 톡톡히 해냈다.

손이 시린 이른 봄에도 바다에 나가 청태와 파래, 능쟁이(돌장게), 그리고 굴을 따다 반찬거리를 만들어 내셨다.

동네 아낙들과 바다로 나가 바지락을 캐기 시작하면 큰누나의 구럭에는 누구보다도 바지락이 가득 담겨 있었다. 바지락은 젓갈을 담그기도 하고 말리기도 해서 할머니의 반찬으로 요긴하게 썼다.

지금은 그런 누님이 2000년에 떠나고 우리 곁에 없으니 가족여행을 할 때마다 큰누님 이야기로 슬픔에 젖곤 한다.

둘째누님 시집가던 날

둘째 누님은 생일이 전년도 농사지은 쌀이 다 떨어지는 여름철이라서 어머니께서는 생일날인데도 쌀밥을 해주지 못해서 늘 미안한 마음이 있었다고 안타까워하셨다.
 대가족이던 집에서 둘째누님은 어린 시절 인천 큰할머니를 따라 인천으로 떠나 살았다. 세월이 많이 흐른 후에야 왜 인천으로 가게 되었는지 알게 되었으며 고된 남의 집 생활과 고향을 향한 그리움에 눈물로 세월을 보냈다 한다.
 그렇게 한 맺힌 세월이 흘러 지옥 같던 남의 집 생활에서 탈출한 누님은 편물 기술을 배웠고 동생들의 스웨터를 짜주며 한 푼 두 푼 열심히 모은 돈을 고향에 보내 아버지는 그 돈으로 논을 장만하고 그 즐거움에 둘째딸을 늘 자랑스러워 하셨다.
 우리 동네에서 가장 예쁘고 효성이 깊은 누나가 객지 생활하면서 만난 매형과 연애 결혼을 한다고 집에 알려왔다.
 그런데 아버지께서는 인근마을 부자집이면서 신랑감도 출중하여 양가 어른들끼리 암묵적으로는 서로 약속(?)을 해 두셨었는데 누나의 뜻밖의 돌출된 행동으로 아버지는 마음이 몹씨 상하셔서 결혼식에 참석하지 않으셨다. 시대의 아이러니라할 수 있다. 요즘에는 본인들만 마음에 들면 부모들은 만사 OK인데…

　몇십 년 만에 최고의 적설량을 보인 어느 겨울날 아버지는 딸의 결혼식에 참석하지 않겠다고 끝끝내 고집을 부리셔서 결국 어머니 혼자 서울 예식장으로 올라가셨다.

　결혼식에 참석도 하지 않으신 아버지는 결혼식을 마치고 매형과 함께 친정에 첫 근친(覲親)왔던 날, 아버지도 이젠 어쩔 수 없구나하며, 마음을 열어 받아들였지만 누나는 그때의 슬픔과 섭섭함을 오랫동안 잊혀지지 않았다고 한다.

　아버지가 하늘나라로 가시던 날, 상여 뒤를 한 걸음 한 걸음 따르던 한 맺힌 누나의 통곡 소리는 그치지 않았고 가족들을 향한 누나의 기도 덕에 가족들은 다시 누나를 품어 안았다.

　아버지가 본인 스스로 마음 상하시게 생각하시어 화딱지로 누나의 결혼식에도 보이코트를 놓았었지만, 누나는 아버지에 대한 효성이 아주 남달랐다.

　멀다면 먼 서산시장에서 반찬꺼리를 준비하여 우리집 고대 새터마을까지 밤이건 낮이건 매형님의 오토바이를 타고 직접 공수하여 아버지를 극진히 모신 누님에게 다시 한 번 감사 드린다.

큰형님의 희생과 형제 사랑

당진상고를 졸업하고 당진군 고대농협에 다녔던 형은 결혼하고 창원에 있는 LG전자 냉장고 회사로 직장을 옮겼다.

회사에서 인기도 좋았고 마음이 넓어 가족의 기대가 많았으며, 그런 기대만큼 큰형님은 집안일에 아버지를 대신하여 많은 노력을 하셨다.

동생들 학비를 대고, 누님들 결혼 비용까지 대느라 힘들었었다. 그 당시 일가친척들이 일 년에 백 가마짜리 쌀계를 시작했다.

돈이 급했던 아버지는 맨 먼저, 그리고 형님은 맨 나중에 타기로 했는데 나중에 타기로 했던 큰형님은 아버지의 힘들어하는 모습에 형님이 계획했던 창원의 택지 분양받는 것을 포기해야 했다.

또한 내가 신혼 초 지하 셋방살이 살 때 연탄가스 중독으로 힘들어서 형님에게 지하 셋방에서 탈출할 돈을 빌려 달라고 한 적이 있었다.

형님은 어떻게든 장만해 볼 테니 너무 걱정하지 말라며 위로해 주셨다. 큰형님의 도움으로 우리 세 식구는 반지하에서 지상으로 이사를 하게 되었다. 그 후로 큰형님과 나의 형제애와 신뢰는 깊어만 갔다.

그렇게 큰형님은 가족에 대한 배려와 사랑이 크고 넓었다. 가족들이 생각하는 장남에 대한 기대가 매우 높아서 부담이 될 법도 한데 큰형님은 가족을 위해 희생과 배려와 사랑을 아끼지 않으셨다.

큰형님 약혼식

큰형님 결혼식 가족들과 함께

배움에 대한 열망이 가득했던 셋째누님

　배움에 대한 열망이 가득했던 셋째누님은 초등학교를 졸업하고 중학교에 가지 못한 아쉬움에 할미당에서 야간 중학교 과정인 〈웨슬레 구락부(俱樂部)〉가 생겼다는 소문에 낮에는 밭에 나가 일을 하고 저녁에는 산을 몇 개나 넘어 배움터로 향했다.
　달빛에 의지했던 캄캄한 밤길도 두려움 없이 배우고자 하는 열망은 그 누구도 막을 수가 없었다. 가족 모두는 누나가 무사히 구락부에서 돌아오길 기도하며 기다렸다.
　누나는 공부에 몰두하여 모두가 잠든 늦은 밤에 돌아오곤 하였다. 당시 과정은 국어, 영어, 수학, 물리 등을 배웠는데 수업이 끝나고 자정 무렵 집에 돌아올 때면 도깨비불과 호랑이가 나타난다는 소문과 우리집 황구를 보고 몰려든 수캐들 때문에 두려움에 떨어야 했으며, 이를 극복하기 위하여 학교에서 배운 영어 단어를 큰소리로 외우며 몇 개의 산을 다시 넘었다고 한다.
　밤 늦은 시간에 집에 도착하면 어머니께서 마당에 나와 반겨주곤 했는데 힘들어도 포기하지 않고 3년 과정을 마칠 수 있었던 것은 배움에 대한 열망과 미래에 대한 희망이 있었기 때문이다.
　아마도 누님에게 누군가가 조금만 지원해 주었더라면 그녀의 앞길이 환히 밝았을지도 모른다. 그렇게 알파벳도 배우고 영어 노래도 곧잘 불러서 명절 때 동네 콩쿠르대회에 나가면 상도 타 오곤 했었다.

그런 누나 덕분에 나는 일찍 공부를 시작할 수 있었고, 그런 영향으로 나는 초등학교부터 우수한 학교 성적을 기록했다. 성적표를 받아든 아버지는 다른 자식은 몰라도 공부 잘하는 셋째아들만은 반드시 가르치리라 결심하신 것 같았다.

학구열 높은 셋째누나 덕에 유학을 결심하면서 공부를 열심히 하였는데 서울 유학 시에도 가끔 올라와 나를 위해 바느질도 해서 일당을 받아 하교 후 배고픈 나에게 맛있는 음식을 만들어주기도 하였다.

그런 누나는 항상 배움에 대한 열망이 가득하여 칠십을 훨씬 넘긴 지금도 악기 연주 등 무엇이든 배우려는 노력을 계속하고 있다.

둘째형을 후계자로 계획하신 아버지

농토가 늘어나면서 아버지는 머슴까지 두게 되었는데 자식들을 공부시키고 딸들을 출가시키려면 후계자가 필요했던 것 같았다. 그 대상으로 둘째형을 마음에 두고 농사일을 전수하셨다.

아버지는 둘째형에게 조그만 지게를 만들어 주셨다. 산에 땔나무를 하러 갈 때면 내게 같이 가자고 했고, 혼자 나무를 하려면 얼마나 심심할까 하는 생각에 형과 자주 동행하였다.

그러나 형은 농사일이 전망이 없음을 판단하여 점차 관심을 두지 않았고 결국 부자간의 관계는 점점 벌어져만 갔다.

둘째형은 어느 날 아버지께 장사를 하겠다며 본인에게 할당된 재산을 팔아 달라고 요구하였다.

땅을 파는 것을 죽기보다 싫어하신 아버지는 둘째아들 요구에 그동안 가르치지 못하고 일만 시켰다는 미안함에 꽤 많은 재산을 내놓으시며 성공을 기원하셨다.

포목과 이불 장사로 재산을 모았고, 부동산까지 손을 대면서 한때 사업을 늘려갔지만 대형 마트와의 경쟁에서 밀리면서 사업은 점점 어려워져 갔고, 끝내 형님의 꿈은 멀어져만 갔다.

 형의 꿈은 아버지께서 팔아 주신 농토를 다시 매입하는 것이었다.

 둘째형은 늘 배우지 못한 서러움에 배움에 대한 욕망이 컸다. 그렇지만 장사를 하면서 상인들 간의 인간관계를 잘 다졌고, 지역상인 대표로서 지역 유지들과 좋은 관계를 가지고자 노력하였다.

 지역 발전을 위하여 여러 단체 회장직을 역임하고, 집안을 위해서는 대종중 총무 역할을 수행하는 등 활발히 활동하고 있다.

서울로 유학 간 셋째아들

 온 가족의 기대를 안고 서울로 유학 간 셋째아들은 하숙은 언감생심 꿈도 꾸지 못하고 흑석동 높은 산비탈에 방 한 칸 세를 얻고 달랑 책상 하나 구매하고 생활에 필요한 기본 물건을 몇 가지를 사서 힘겨운 자취 생활을 시작하였다.

 통장으로 한 달 생활비가 도착하면 그 달에 필요한 연탄과 라면을 사고, 과분하게도 계란까지 샀다.

 가장 간단하게 하루 세 끼를 해결할 수 있는 것이 라면을 끓여 밥을 말아 먹는 것이기 때문이다. 가끔 연탄불이 꺼져서 라면도 끓여 먹지 못하고 굶는 날도 다반사였다.

 점심 도시락도 준비해야 하는데 도시락에 계란프라이를 준비해 가기도 했는데 그런 날은 김치를 가지고 온 친구와 나눠 먹곤 했었다.

 그렇게 생활하던 나에게 농한기가 되어 어머니가 이런저런 고향 반찬을 준비해서 서울에 오셨는데 자취방에서 짧은 며칠이지만 어머니와 함께한 시간은 그렇게 행복할 수가 없었다.

 밥과 빨래하는 시간을 줄여 공부에 전념할 수 있었고, 무엇보다 어머니가 특식을 만들어 주시는 것이 너무 좋았다.

 마음속으로 이렇게 서울에서 어머니와 같이 살았으면 소원하기도 했으나 농사일 때문에 잠깐의 행복한 시간을 끝내고 다시 내려가셨다.

 어머니는 그렇게 아들을 위하여 당진에서 서울로, 다시 서울에서 당진을 오르내리시며 아들을 위해 기도하며 힘든 세월을 보내셨다.

 그렇게 자란 셋째아들이 국내 굴지 제약회사에서 인정받아 중역으로서 역할을 충실히 하면서 주경야독으로 석사학위까지 취득했으니 어머니께서 지금까지 살아계셨다면 얼마나 기뻐하셨을까?

 더구나 형제 자매들과 우애하고 가족 간 화합하며 열심히 살아가는 모습을 보셨다면! 정말로 너무 아쉽고 안타깝기 그지없다.

사업으로 고난을 겪은 남동생

가족의 귀여움을 독차지했던 동생은 늘 밝고 유머와 재치로 가족의 기대를 모았고 초급 교관으로 군대 생활을 하면서 리더십을 키워 나갔다.

제대 후에는 회사에 취업하여 승승장구하면서 가족과 부모님의 기대와 기쁨을 누렸다. 자연스레 우리 가족들은 동생의 장래에 대한 기대도 높아만 갔다.

그런 그가 갑자기 사업을 한다며 다니던 회사를 나와 건축중인 한보철강 당진공장 앞에서 철물점을 개업했다.

그러나 나라가 IMF를 겪으며 한보철강도 도산할 수밖에 없었다. 한보철강이 망했으니 그 회사 앞에서 사업을 펼친 막냇동생은 결국 파산하고 도피 생활을 이어갔다.

그런 그를 중국에서 사업하는 친구 회사에 내가 소개하여 동생과 나는 상속받은 논을 모두 팔아서 동생 사업 밑천으로 사용했지만 화장품 용구에서 LED사업으로 업종을 전환하는 과정에서 사기를 당하고 귀국하게 되었다.

 중국에서 사업하는 동안 가정은 파탄이 났고 재혼도 하였지만 평탄하지 못한 생활은 계속되었다. 그러나 다시 직장을 잡고 신실한 신앙생활을 하면서 동생은 서서히 안정을 찾았고, 지금은 밀양 손씨 당내 종중 회장으로서 역할도 훌륭하게 해나가고 있다.

그런 동생이 인생 역경을 극복하고 새로운 인생을 살아가며 열심히 모은 돈으로 집을 장만했다고 연락이 왔을 때 온 가족이 기도하며 재기한 막냇동생 모습을 지켜보며 박수를 보냈다.

사과 농사와 효부상 탄 막냇동생

막내로 태어난 여동생은 마음씨가 곱고 애교가 많아 늘 부모님의 사랑을 독차지했고, 늦둥이를 낳은 부모님의 사랑을 사로잡기에 충분했다.

고등학교 졸업한 막내는 직장생활도 열심히 했고 마음씨도 고와서 주변에서 중매가 많이 들어 왔다.

결국 고등학교 선생님과 마음이 맞아 결혼하여 남편 뒷바라지를 하며 3남매를 낳아 잘 키운 것은 물론 과수원 농사를 하면서 시할머니와 시어머니를 모셨고 집안 살림을 억척스럽게 해낸 결과 정부에서 주는 효부상을 몇 차례씩 타기도 했다.

4자매들

월남전에 참전한 사촌형

자유 수호를 위하여 미국이 월남전에 개입했고, 6.25를 겪으며 유엔의 도움으로 나라를 지켜낸 우리나라는 미국의 요청으로 마침내 1964년 월남전에 파병하였다.

그 덕분에 우리나라는 경제성장을 할 수 있는 기회가 주어졌으나 많은 젊은 청년들이 목숨을 잃어야 했다.

큰댁 사촌형도 백마부대 용사로 월남전에 참전했다. 월남전 뉴스를 볼 때마다 큰어머니는 가슴을 쓸어내렸고 무사 귀환을 기도하며 하루하루를 초조하게 지내셨다.

그런 시간이 흘러 귀국한다는 소식이 전해지고 큰어머니는 아들을 다시 얻었다는 기쁨에 눈물을 흘렸고 새까만 얼굴에 완전 군장을 하고 씩씩하게 돌아온 사촌형을 보며 우리 가족 모두는 집안의 자랑거리이자 동네 영웅으로 맞이하였다.

사촌형이 들려주는 월남전 경험담을 듣기 위하여 초등학생인 우리는 호기심 가득 안고 큰집에 모여들었다. 우리 집안에 그런 사촌형이 있다는 것이 자랑이고 영웅처럼 느껴졌다.

6.25, 74주년을 보내며

　완연해진 여름 풍경에 만끽하며 발길이 머무는 곳마다 상쾌한 푸르름이 가득한 6월의 마지막 주, 74주년을 맞는 6.25의 날이다. 74년 전 오늘 새벽 4시에 북한이 저지른 동족상잔의 전쟁으로 온 국토는 폐허가 되었고 이 나라 자유를 지키기 위해 세계 각국 젊은이들은 목숨을 잃어야 했다.

　우리의 부모님과 선배 세대들은 희망 없는 전쟁의 소용돌이 속에서 온갖 고초와 어려움을 겪으며 살아가야 했다.

　전후에 태어난 우리는 미국이 원조한 옥수수와 밀가루로 허기진 배를 채워야 했다. 초등학교 시절에는 인근 미군부대 트럭을 빌려 타고 아산 현충사로 소풍을 다녀오기도 했다.

　74년 전, 6.25 전쟁 때만 해도 세계 최빈국이던 우리나라가 지금은 세계 10위권의 경제 대국과, 무역 규모 8위로 올라섰다. 또한 1인당 국민 소득이 최초로 일본을 추월했다는 소식도 들린다.

　이러한 일이 있기까지 이 나라를 지켜준 세계 참전용사들과 온갖 시련을 겪으며 '하면 된다!'는 신념으로 뭉쳐 자유 대한민국을 지키느라 희생한 우리의 형님, 부모 세대들에게 감사의 마음을 가져본다.

가족 간 소통의 중요성

 소통의 중요성은 아무리 강조해도 지나치지 않는다. 부자지간이나 가까운 가족 사이에도 소통이 되지 않아 큰소리가 나고 마음속에 상처가 쌓여 남보다 못한 관계가 되기도 한다.
 어린 시절 술을 많이 드시고 집에 오신 작은아버지께서 무슨 까닭인지 어려서 모르겠으나 아버지와 대화 도중 가족들 앞에서 밥상을 뒤집어 버린 사건이 있었다.
 평온했던 저녁 시간이 순식간에 아수라장이 되었고 소중했던 트랜지스터 라디오가 박살이 났다.
 밥을 먹던 우리 가족은 겁에 질려 바라볼 수밖에 없었으며 싸우시는 두 어르신을 지켜볼 수밖에 없었다.
 우리는 어울려 살아야 하는 사회적 존재이기 때문에 서로 소통하며 함께 잘 살아야 한다는 마음가짐이 중요하다. 상대를 존중하고 이해하려는 태도가 필요하다. 특히 가족 간의 대화는 늘 아름다운 인간관계를 유지해야 한다.
 그럼에도 불구하고 그날 벌어진 형제간의 싸움은 내 머릿속에서 오랫동안 지워지지 않았고 그 사건으로 작은아버지에 대한 부정적 감정은 오랫동안 남아 있었다.

자식 교육에 대한 작은 어머니 인생

4남 2녀의 자식을 두신 작은어머니는 자식 교육에 대한 열정이 대단하셔서 돈이 되는 일은 무엇이든 닥치는 대로 하셨다.

농사일 틈틈이 시장에 나가 물건을 사다가 되팔기도 했고, 노점상도 마다 않으시고 열흘을 하루처럼 바쁜 나날들을 보내셨다.

자식들이 자라면서 돈이 들어가는 일은 많으나 벌이는 제한적이어서 늘 그렇게 새벽부터 저녁까지 눈코 뜰 새 없는 세월을 보내신 것이다.

그런 작은어머니를 보고 자란 사촌들은 하나같이 열심히 공부하고 부지런해서 모두가 훌륭하게 자랐다. 마을 사람들도 부러움 절반, 질투 절반의 박수를 힘차게 보냈다.

그러던 작은어머니도 세월이 흘러 구십이 훌쩍 넘어 백수(白壽)가 가까워지면서 힘들게 살아온 몸이 이곳저곳 쑤셔오는, 감당하기 힘든 세월을 보내고 계신다고 한다.

유일한 낙은 성장한 자식들이 손주들을 데리고 고향 집을 찾아오는 것이라 하시며 살아가신다.

사촌들의 어머니에 대한 효성

 뉴질랜드로 이민 가서 훌륭한 삶을 살아온 사촌이 은퇴하고 후회 없는 효도를 한번 해보겠노라고 고향에 찾아와 작은어머니와 함께한 석 달을 보낸 적이 있었다.

 기약한 석 달이 훌쩍 지나고 출국을 하루 앞둔 날, 구십이 훌쩍 넘기신 어머니와 헤어져야 하는 상황이 너무 괴롭다고, 다시 어머니를 놔두고 먼 나라로 떠나야 하는데 발걸음을 떼기가 쉽지 않다고 하소연을 하며 눈물을 흘리는 모습을 본 적이 있다.

 뉴질랜드로 돌아가는 날, 다시 귀국하여 어머니와 남은 삶을 같이 살아가겠노라고 굳은 약속을 했다.

 어머니 홀로 이 엄동설한을 어떻게 지내야 할지 걱정이 많다고도 했다. 사촌이 걱정스러운 마음을 추스르고 가족에게 무사히 돌아가기를 기원했다.

 겨울이 걱정스러운 마음에 사촌은 어머니를 요양원에 모시고 싶다고 했지만 작은어머니는 요양원이 한사코 싫다고 하시니 걱정이 많다고도 했다. 어느 것이 올바른 선택인지 누구도 정답을 내리지 못하는 현실을 지켜보면서 당장 우리 세대에게도 닥친 노후 문제라 착잡하기만 하다.

 홀로 고대에 계신 작은어머니께서 건강하게 잘 지내시기를 빌며, 요즘도 삼복더위를 마다 않고 수시로 서울에서 당진까지 어머니를 찾아뵙고 극진히 효를 다하고 있는 사촌들에게 찬사를 보낸다. 특히 요즘 시대는 시어머니와 생활을 따로할 정도로 각자 살아 가고 있는 시대인데 사촌 제수씨는 멀리 있는 시골 시댁을 직접 찾아가 반찬이며 목욕수발 등등 일상사를 지극정성으로 모시는 효도를 다하는 것을 보면 참으로 대단하시다. 존경한다는 말로 대신해야 할것 같다.

셋째 제수씨, 작은어머니 , 뉴질랜드에서 온 사촌 동생

여름 방학과 내종사촌

우리 세대들에게는 외갓집에 대한 아련한 추억이 마음속에 자리잡고 있다. 우리집도 예외가 아니어서 여름방학이 되기만 하면 내 나이와 엇비슷한 내종사촌들이 외가댁인 우리집에 놀러 오곤 했었다.

방학 때마다 그들과 함께 생활하며 여름방학을 즐겼다. 구로지 바다에 나가 함께 바지락을 캐고, 누님들의 식사 준비를 도우며 힘든 일, 궂은일을 마다하지 않고 했다. 그 덕에 사촌들은 외갓집에서의 방학 생활을 즐겁게 보냈다.

사촌들은 특히 우리 어머니인 외숙모를 매우 좋아했는데 외숙모의 조카에 대한 사랑이 자녀에 대한 사랑보다 지극했던 탓이리라.

매일같이 붙어지내다가 방학이 끝나갈 무렵 서로 아쉬운 석별의 정을 나누며 다음 방학을 예고하고 사촌들은 버스에 올랐다.

그렇게 내종사촌들과 함께한 방학 생활은 오랫동안 추억 속에 남아 있다.

온 가족이 함께했던 담배 농사

봄부터 담배 모종을 정성껏 가꾸어 담배밭 고랑에 옮겨 심어 놓으면 담배는 시간이 지나면서 사람 키를 훨씬 넘게 자랐다.

삼복더위 숨이 막히는 밭고랑에 들어가 우산보다 더 큰 담뱃잎을 딸 때는 몸은 온통 땀과 흙으로 뒤범벅이 된다.

진한 담배 냄새에 취해 어지럼증이 생기면 어른이 되더라도 담배는 절대로 피우지 않겠다고 다짐을 하곤 했다.

담뱃잎을 엮어서 새끼줄에 매달아 놓고는 아침과 저녁으로 담뱃잎을 덮었던 거적을 열었다 덮었다 반복하면서 붉고 누렇게 말라 최고의 상품이 되도록 정성껏 관리했다.

장마철에 비가 계속 내리는 날에는 행여 담뱃잎이 썩을까봐 전전긍긍하셨다.

부모님은 여름 내내 고생한 보람이 물거품이 될까싶어 밤을 지새우며 담뱃잎 관리에 잠을 설치셨다.

드디어 잘 말려진 담뱃잎이 팔려나가는 날 온가족의 가슴은 두근두근거렸다. 품질 등급에 따라 값이 책정되었기 때문이다.

담배를 공판장에 납품한 날은 아버지의 주머니가 두둑해지는 날이었다.

막걸리 두어 잔에 아버지의 입가에는 미소가 번졌고 일 년 내내 담배 농사짓느라 힘들었던 가족들의 고생이 햇살에 아침 안개 사라지듯 그렇게 모두 잊혀졌다.

그렇게 가족이 함께 수고한 노력의 대가로 가족들은 목돈을 만질 수 있었다. 농촌에서는 목돈을 만질 수 있는 경우가 흔치 않은데 담배 농사는 전매청(담배인삼공사 전신)과 계약 재배하는 것이라 판로를 걱정하지 않아도 되어서 목돈을 챙길 수 있는 유일한 방법이었다. 그 목돈은 자녀들의 혼수비와 교육비로 요긴하게 사용되었다.

큰누나(아래) 작은누나(오른쪽)과 동네 누나 친구들 함께

아버지의 등목

　땀이 쏟아지는 삼복더위에 담배밭에서 일하고 나오신 아버지는 땀으로 온몸이 흠뻑 젖어 있었다. 그런 날이면 베적삼을 벗으시며 우물가로 나오셨다.

　땀에 흠뻑 젖은 아버지에게 바가지로 찬물을 가득 떠서 등허리에 부어드리면 '아이구 차가워, 아이구 차가워, 이제 그만해라, 그만해!'라며 연신 소리치셨다.

　등목으로 더위를 식히시던 아버지의 그 넓고 크신 등허리는 이 세상에서 가장 크고 넓은 등이었다.

　그렇게 8남매 자식의 삶과 미래를 짊어진 아버지의 등허리가 얼마나 버겁고 힘든지를 자식을 낳고 키워본 다음에야 깨달았다.

　등목을 해 드릴 때는 미처 몰랐던 아버지의 무거운 등허리! 깨달음은 언제나 왜 뒤늦게야 오는 것인지.

비 오는 어느 여름날

  장마철이라 창밖에는 비가 주룩주룩 내리고 있다.
  오늘과 같이 비가 주룩주룩 내리는 날에는 비옷을 걸치고 어머니는 텃밭으로 나가셨다.
  텃밭에 심어놓은 참외와 호박덩굴을 뒤적뒤적 헤치면 싱싱한 애호박과 탐스런 참외가 모습을 드러냈다. 어머니께서 텃밭을 한 바퀴 돌아오면 애호박과 참외가 구럭에 그득했다.
  내리는 비 때문에 일을 나가지 못하는 아버지는 사랑방 문을 활짝 열고 새끼줄을 꼬시고, 옹기종기 둘러앉은 우리 8남매들은 어머니의 맛있는 애호박 부침개를 기다리고 있었다.
  부엌에서는 들기름 냄새가 진동하고 동네 아저씨의 헛기침 소리가 들리면 어머니는 뒷동산에 숨겨둔 동동주도 걸러냈다.
  갓 부친 부침개를 안주 삼아 동네 아저씨와 막걸리를 드신 아버지의 흥겨운 노랫소리는 빗소리와 함께 사랑방 밖으로 퍼져나갔다.
  호박 부침개를 부친 어머니와 그것을 배불리 먹은 우리 8남매는 술이 거나해지신 아버지의 흥겨운 노래 소리를 들으며 행복한 웃음으로 비 내리는 한나절 여름을 즐겼다. 다시는 볼 수 없는 행복한 여름 풍경이었다.

배롱나무(목백일홍)와 능소화

　여름철 집 마당 가에는 유월부터 구월까지 백일 동안 핀다는 배롱나무가 예쁘게 피어 손님을 기다리고 있었다.

　한여름철 마당 가에 자리 잡은 배롱나무(목백일홍)와 참죽나무를 타고 올라간 능소화가 꽃단장할 때면 여름철 휴가를 맞아 찾아온 친척분들이 우리집에서 여름 휴가 겸 며칠씩 지내고 가셨다.

　부모님은 농사지은 마늘 한 접씩을 떼어 주시며 그간의 아쉬운 석별의 정을 나누시곤 하셨다.

　그때마다 마당 가에 피어 있는 목백일홍과 능소화는 가족간 대화의 화제가 되곤 하였고, 꽃들도 아름다움을 뽐내며 작별 인사를 하는 듯했었다.

봉숭아 꽃물 들이기

 출근길 도심 한쪽 모퉁이에 피어 있는 빨갛고 분홍색의 봉숭아꽃으로 눈길이 간다. 꽃을 보니 한순간에 어린 시절을 추억하게 된다.

 손톱 화장품인 매니큐어가 없던 시절, 어머니는 집 모퉁이에 피어 있는 봉숭아꽃을 따서 백반석을 넣고 갈아 사춘기에 접어든 누나들의 손톱에 빨간색 봉숭아꽃 물을 들여 주셨다.

 호기심 어린 눈으로 쳐다보는 나에게 너도 한번 해보라며 약지 손가락에 봉숭아 물을 들여 주셨는데 친구들이 '기지배'라고 놀리는 바람에 손톱에 물든 봉숭아 꽃물을 지우느라 애태우던 때가 되살아난다.

 아름다운 여름꽃이 만발한 도심 유월의 아침, 나는 주변에 예쁜 꽃들을 보며 아름답고 즐겁고 행복했던 추억의 새터마을로 돌아간다.

배추 농사 이야기

한 해 밭농사 중 가장 큰 농사가 담배 농사와 김장용 배추 농사였다.

여름철 보리와 콩 농사가 끝나면 초가을 김장 배추를 심었다. 아버지께서는 밭을 갈고 배추를 심기 위해 밭에 두둑을 만들면 적당한 간격으로 배추 씨앗을 정성껏 심었다.

김장용 배추는 70~80일 정도 재배해서 수확한다. 무우 씨앗과 배추 씨앗을 뿌렸는지 어찌 알고 산에서 온갖 새들이 밭으로 날아와 씨앗을 쪼아 먹으면 휘어이 휘어이 큰소리 지르며 새들을 쫓는 소리가 이 밭 저 밭에서 들렸다.

그래도 살아남은 어린 새싹이 자라기 시작하면 이젠 각종 벌레늘이 배춧잎 속에서 잔치를 벌였다. 새도 이겨내고 벌레도 이겨낸 배추가 자라서 추석이 가까워지면 제법 자란 배추를 솎아 김치를 담가서 추석을 지낼 수 있었다.

한로(寒露)를 지나 김장철이 다가오면 배추 장수가 동네 배추를 사기 위해 돌아다녔다.

잘 자란 아름드리 배추들을 돌아보시며 아버지는 정성껏 키운 딸 시집보내는 마음으로 배추 장수와 흥정을 하셨다.

배춧값이 폭락해 흥정이 제대로 성사되지 않았을 때는 잘 가꿔진 배추를 뽑아서 모두 밭에다 구덩이를 파고 묻어 두었다가 어머니는 한겨울에 읍내로 나가 노점을 벌이고 팔아야 하는 고초를 겪으셨다.

 우리집 배추 농사는 우리 가족의 겨우내내 반찬거리이자 자식들의 학비와 혼수비를 마련해 주는 중요한 소득원이었다.

추석맞이 벌초

　추석맞이 벌초는 또 하나 민족의 전통적인 행사이다.
　지금도 우리 집안에서도 매년 추석이 다가오면 한 달 전부터 가족들에게 벌초를 알리는 메시지가 전달된다.
　추석을 맞는 첫 행사가 조상님들 산소에 벌초하는 것이니만큼 고향을 지키는 사람들은 물론 도시에 나가 사는 가족들이 모여 땀을 뻘뻘 흘려가며 벌초 작업을 한다.
　이 벌초 행사에 빠지면 집안 어르신들이 '도대체 무슨 일이 그리 바빠 조상 섬기는 일에 소홀히 하는가?' 하시며 역정을 내시니 열 일 제쳐놓고 달려가야 하는 날이다.
　벌초 때가 되면 새벽부터 시작된 귀향 행렬은 도로를 가득 메우고 급해진 마음은 내비게이션이 인도하는 대로 가다가 길이 막히면 논두렁길 밭두렁길 찾아가며 고향을 달려간다. 어느 해에는 도착하고 보니 벌초는 이미 끝난 때도 있었다.
　오랜만에 만나는 반가운 가족들과 인사를 나누고 모두 모여 한마음 한뜻으로 조상님께 우리 가족 안위와 집안 번영을 빌면서 조상님께 큰절을 올렸다.
　벌초 후 점심에는 동네 어르신까지 초대하여 큰댁에서 식사를 함께했다. 온 집안이 모여 준비한 맛있는 음식을 먹고 마시는 추석 맞이 벌초는 마치 잔칫집 같은 분위기였다.

 화목한 가운데 치러지는 성묘 행사를 통해 가족의 화합과 참된 삶의 의미를 깨닫게 해주고, 오랜만에 만난 집안 어르신들 안부도 물으며 가족과 함께한 즐겁고 행복한 시간을 보내는 훌륭한 전통 풍습이다.

 올해도 문중 벌초 행사에 참가한 모든 집안 분들께 감사의 마음을 전한다.

종중묘 조성 준공식에 감사의 말씀

새롭게 단장한 종중묘에서 한식 차례 후 음복례

추석 전 벌초를 마치고 가족들과 함께

벌초를 마치고 가족들과 함께하는 점심식사

다 함께하는 가족들과 성묘

꿈을 키운 어린 시절 이야기

토끼장과 토끼풀

한강 변을 산책하다가 하얀 색 토끼풀 꽃이 내 눈에 들어왔다. 지나가는 많은 사람은 관심 없이 지나가지만 나에게는 하나의 추억이 있어 한참이나 그 앞에서 서서 바라보게 되었다.

초등학교 어린 시절 나는 어린 토끼 한 쌍을 분양받았는데 그 분양받은 어린 토끼가 잘 자라도록 하굣길에는 토끼풀을 책보에 가득 뜯어와서 먹여 주곤 했었다.

그 어린 토끼는 무럭무럭 자라나 새끼를 낳았고 분가할 토끼장을 만들기 위해 나무를 베다가 날카로운 톱날이 그만 나의 왼쪽 손등을 스쳐 지나는 사고가 났다. 피가 철철 흐르고 뼈까지 보이는 상처에 놀란 어머니는 나를 데리고 고대면사무소 근처에 있는 병원으로 가서 손등을 꿰매는 수술을 받게 했다.

그런 어린 시절 추억의 흔적이 아직도 손등에 고스란히 남아 있다.

토끼를 열심히 키워서 학용품을 마련해 보겠다는 어린 시절 소박하고 아름다운 꿈이 아련하게 머리를 스치며 입가에 웃음을 짓게 하는, 토끼풀이 지천으로 피어 있는 한강 변의 아침이다.

비 내린 후 물고기 잡기

　모내기를 마치고 나면 봄비가 내리곤 했는데 봄비를 맞은 벼 포기에 생기가 돋아나고, 어머니가 모종한 텃밭 채소며 곡식들도 빗방울을 가득 머금고 힘차게 얼굴을 내밀었다.

　그렇게 비가 내리고 나면 나와 동생은 마을 한가운데 흐르는 샘 둑으로 나가서 족대와 얼멩이(어레미의 충청도 방언)를 가지고 고기를 잡곤 했는데 고대방죽에서 힘차게 헤엄쳐 올라오는 붕어와 미꾸라지를 아래에서 동생은 족대를 대고 나는 위에서 몰기 시작하였다.

　이리 첨벙 저리 첨벙 고기를 몰다가 족대를 들어 올리면 생기 가득한 붕어와 미꾸라지가 파닥거리고, 몇 번의 족대질로 가지고 나온 양동이에는 싱싱한 물고기들이 가득 담겨 있었다.

　우리가 잡은 물고기 가운데 큰 붕어를 제외한 피라미와 송사리, 미꾸라지 따위는 닭과 돼지들의 특별 메뉴가 되었다.

　어머니의 손길에 붕어는 그날 저녁상에 맛있는 붕어찜이 되어 올랐다.

　그렇게 고대방죽은 늘 고기 반, 물 반이라서 청둥오리를 비롯한 겨울 철새들의 먹이 쉼터가 되었다.

청둥오리뿐만 아니라 수많은 철새가 모여든 고대방죽은 새들의 낙원처럼 느껴지곤 했었다.

지금은 운동장으로 변하여 버린 그곳을 지나노라면 철새들의 낙원으로 평화로웠던 고대방죽의 추억이 아련히 되살아나곤 했다.

국민학교(초등학교) 졸업사진 (1969.2)

초등학교 동창들과 수덕사에서

물 빠진 고대방죽에서 고기 잡기

 모내기가 끝나갈 즈음엔 물이 빠져나간 고대방죽은 바닥을 드러내기 시작했다.
 수많은 물고기가 뛰놀던 고대방죽은 비상이 걸려 물고기들이 숨을 곳을 찾아 두려움에 떨었다.
 집집마다 양동이와 고기 잡을 도구를 들고 저수지로 향했는데 물이 마른 방죽 안에는 그야말로 고기 반 사람 반의 장관을 연출했는데 친구들과 함께 고기를 잡아서 양동이에 넣고 나면 순식간에 양동이가 붕어, 메기, 팔뚝만 한 민물장어로 가득 채워졌고 어머니는 그것으로 맛있는 장어탕과 붕어찜을 만들어 내셨다.
 그렇게 모내기 철이면 물이 빠져나가 수난을 당해야 했던 물고기들은 비가 몇 번 내리면 다시 채워지곤 했다.
 이제는 추억이 되어버린 고대저수지는 지금은 체육관으로 변하여 지역 주민의 체력 단련장으로 변했지만 고향을 방문할 때마다 그곳을 바라보며 어린 시절 추억을 떠올리곤 한다.

초등학교 시절 〈홍길동전〉

 만화를 무척 좋아했던 나는 친구가 구독하는 어린이신문의 연재소설 〈홍길동전〉에 빠져서 공부하는 재미보다 신문 도착하기를 기다리며 만화 보는 재미에 흠뻑 빠졌었다.
 교실에 어린이신문이 도착하면 먼저 보기 위해 친구들이 몰려들었다.
 서자로 태어난 홍길동이가 어려운 환경을 극복하고 무술을 습득하여 불쌍한 사람들의 억울함을 풀어준다는 〈홍길동전〉 이야기는 그렇게 통쾌할 수밖에 없었다.
 만화 보는 재미에 공부는 뒷전이고 어린이신문 오는 시간만 기다렸던 어린 시절이었다.
 사실 이제야 고백하건대 우리 집에서 기르던 닭이 가끔씩 뒷동산에다 알을 낳기도 했는데 그 고마운 닭이 낳은 알을 몰래 가지고 동네 문방구로 가면 내가 좋아하는 만화며 딱지와 구슬도 살 수 있었다.
 이웃 마을 슬항리에 나무를 잘 타는 친구가 있었는데, 이 친구는 높은 소나무 꼭대기의 두루미 둥지까지 올라가서 알을 슬쩍해서 두루미 알을 가지고 문방구에 가서 갖고 싶은 물건을 사기도 했다.

 이 사실이 선생님에게 발각되어 몇 차례 경고를 받기도 했으나 계속하다가 학교에서 처벌을 받기까지 했다.

 6.25 이후에 태어난 우리 베이비붐 세대(1955~1963년 출생자)들은 어려운 환경 속에서도 꿈을 키우며 자라났는데, 성장하면서는 입시 경쟁에 내몰렸고, 학교나 직장 가는 곳마다 치열한 경쟁을 해야 했다.

 그렇게 치열한 삶을 살기는 했지만 이 나라의 성장과 발전을 위하여 많은 기여를 했다고 자부한다.

새롭게 잘 단장된 현재의 고대초등학교

달걀귀신 이야기

　베이비붐 세대라 부르기도 했던 우리는 초등학교 의무 교육 마치고 나면 중고등학교부터 취업까지 시험이란 과정의 치열한 경쟁을 이겨내야 살아남을 수 있었다.
　중학교 시험을 치러야 했던 그 시절 초등학교도 방과 후 수업이 있었는데 갑자기 달걀귀신이 나타났다는 소문이 빠르게 학교 안에 퍼졌다.
　그 달걀귀신은 매우 빠르게 구르다가 어린애들만 잡아먹는다는 무시무시한 소문이었다.
　이른 봄에 둥지에서 닭이 품은 계란에서 병아리로 깨어나지 못한 달걀을 깨 보면 반쯤 생기다가만 병아리가 죽어서 까만 모습이었다.
　그 섬뜩한 모습이 연상되는 달걀귀신을 상상하며 방과 후 수업을 하고 집으로 돌아오는 밤길 내내 무서움에 떨어야 했다.
　그렇지 않아도 등하교 때 넘던 백두산 옆에 있는 상여집을 지나가려면 한낮에도 소름이 돋고 무서웠는데 해가 떨어진 어둑한 저녁에 집으로 돌아가는 길은 걱정이 태산 같았다.
　상여집은 돌아가신 분을 운구하는 상여(喪輿)를 보관하는 집이었는데 마을 사람들은 그곳에서 밤마다 귀신이 논다고 무서워했다.

　지름길인 백두산 고갯길을 포기하고 고대양조장을 지나 신작로로 돌아서 먼길을 가기도 했는데 돌아가는 그 길은 족히 30분은 더 걸어 다녀야 했었다.

　지금 생각하면 터무니없는 귀신이야기라 입가에 미소가 떠오르지만 그때 누가 달걀귀신 이야기 소문을 퍼뜨려서 나를 고생시켰는지, 그 친구가 누구였는지 지금도 궁금하다.

70의 황혼에 접어든 초등학교 시절 친구들

미군 트럭과 가을 소풍

 마을 인근 봉이산에는 미군 미사일 기지가 있었다.
 그곳에서 밤낮없이 돌아가는 발전기의 윙윙거리는 소리에 조용한 마을은 늘 낯선 느낌이 들곤 했었다.
 그곳에 근무하는 미군은 주말이 되면 우리 학교 운동장에서 가끔 야구를 하였는데 가끔 미군들이 영어로 질러대는 큰 소리에 호기심이 가득 차서 운동장에 일부러 가서 구경하기도 했었다.
 가을 소풍을 온양온천으로 가기로 결정되었는데 문제는 편도 100리(40km)가 넘는 곳에 가는 교통편이었다.
 마침 영어를 잘하는 동네 아저씨 덕분에 미군 부대 트럭을 빌려 타고 가을 소풍을 다녀올 수가 있었다.
 미군 트럭 위에 올려놓은 학교 의자에 앉아 덜커덩거리는 비포장 길을 따라 현충사로 향했고, 가는 길에 처음 보는 기차와 온양읍내 모습은 신기함으로 가득했었다.
 전쟁의 여파가 채 끝나지 않아서 먹을 것이 귀했던 시절, 미국에서 원조해준 옥수숫가루와 우윳가루를 넣고 끓인 옥수수죽은 너무 맛이 좋았다. 점심 도시락을 싸 오지 못한 아이들에게는 더할 수 없이 좋은 대체식이었다.

  방과 후 수업이 끝나고 학교에서 급식으로 나눠준 옥수수빵을 먹고 싶어 몰래 훔쳐 먹다가 선생님께 혼쭐났던 적도 있었다. 6.25 전쟁 후 우리는 그렇게 끼니를 걱정해야 하는 그런 세대였다.

초등학교 시절 소풍을 갈 때 미군 군용트럭을 제공했던 봉이산 미군부대 터

아카시아 꽃 따 먹던 봄날

 초등학교 하굣길에 백두산을 넘다 보면 향기로운 아카시아(최근에야 바른 나무 이름이 '아까시나무'라는 것을 알았다.) 꽃향기가 코끝을 자극하고 주린 배를 채우기 위하여 달콤한 아카시아꽃(사실은 '아까시꽃')을 친구들과 마음껏 따먹던 기억이 떠오른다.
 나무를 잘 타기로 유명했던 친구는 키 큰 아카시아나무에 잘도 오르고 나무 아래 모여 있던 우리들은 아카시아꽃 송이가 떨어질 때마다 환호성을 질렀다.
 그렇게 나무에 잘 오르던 친구도 어느 날은 꾀꼬리 알을 호주머니에 넣고 내려오다가 깨지는 바람에 옷이 엉망이 되어 집에 돌아갈 일을 걱정한 적도 있었다.
 아카시아꽃만 아니라 하굣길에 하얀 찔레꽃 덩굴을 헤쳐 연한 새순을 꺾어 먹던 일과 길가에 피어오르는 삐비(삘기)를 뽑아 먹던 일도 생각난다.
 그리고 백두산을 지나면서 진달래꽃을 따 먹다가 무서운 상이용사가 어린이를 잡아먹는다는 소문에 봄바람 스치는 작은 소리에도 소스라치게 놀라서 쏜살같이 뛰어서 집으로 갔던 추억들이 입가에 미소를 머금게 한다.

서당골 할아버지네 뽕나무와 오디

　봄이 지나가는 이맘때 즈음엔 서당골 할아버지 보리밭 둑 뽕나무에는 까만 오디가 맛있게 익어가고 있었다.
　우리들은 허리를 굽혀 보리밭으로 숨어들어가 오디가 많이 달린 나무에 오르기 시작했다.
　달콤하게 잘 익은 오디를 한 움큼씩 입안에 넣고 나면 새콤달콤한 오디 즙이 입안에 가득 펴져 나갔다.
　할아버지 기침에 모두가 숨을 죽이고 있는데 눈치채지 못한 한 친구가 뽕나무를 세차게 흔들어댔다. 그 소리를 듣고 달려오신 할어버지의 '이놈들 보리밭 몽땅 망친다!'는 고함소리에 우리들은 쏜살같이 보리밭을 튀쳐나와 꽁무니가 빠져라 도망을 쳤다.
　할아버지가 보이지 않을 정도로 멀리까지 도망쳐서야 할딱거리는 숨을 몰아쉬고 새까맣게 물들어 버린 서로의 입가를 바라보며 장난기 가득한 얼굴로 깔깔대고 웃어대곤 했었다.
　어린 시절 서당골 할아버지네 뽕나무에 주저리주저리 달린 까만 오디는 먹을 것이 변변치 않았던 시절 우리들의 맛있는 간식거리였다.

건너마을 훈장 할아버지(지관쟁이)

'하늘 천, 따 지, 검을 현, 누를 황'
〈천자문〉을 읽는 아이들의 소리가 조용한 동네에 메아리쳐 울려 퍼졌다. 건넛마을 서당 할아버지 댁으로 방학이 되면 동네 아이들이 모여들어 〈천자문〉과 〈명심보감〉, 그리고 붓글씨를 배웠다.

초등학교 5학년이던 형과 같이 서당에 다녔는데 천자문을 배우는 것보다도 친구들과 수영하는 재미에 푹 빠져 있었다.

여름방학 두 달 동안 〈천자문〉을 배웠는데 그때 배운 붓글씨 덕분에 학교 대표로 뽑혀 당진군 붓글씨대회에 학교 대표로 나간 적도 있었다.

오전에는 할아버지에게 〈천자문〉을 배우고 점심시간인 휴식시간에는 영낭골 토강에 나가 친구들과 수영을 하는 재미에 푹 빠져 있었다.

형이 〈천자문〉과 〈명심보감〉을 떼었을 때는 아버지께서 책거리를 해야 한다며 떡을 지게에 가득 지고 서당으로 향했다.

책거리는 서당 훈장님께 감사의 뜻으로 바치는 작은 사은회(謝恩會) 격이다.

아버지는 자식들의 배움에 대한 열망과 기쁨으로 가득하셨다.

영랑골 수영장

  숨이 턱턱 막히는 삼복더위 여름, 영랑사로 넘어가는 길목에 있는 영랑골에는 무더위를 해소해 주기에 충분한 넉넉하고 커다란 토강('못'의 방언)이 자리잡고 있었다.
  점심을 먹은 후 동네 꼬마 녀석들은 삼삼오오 더위를 식혀줄 토강으로 모여들었다.
  어느 날, 아무것도 모른 채 즐겁게 수영을 즐기던 우리들은 입술이 파래져서야 물속에서 나와 옷을 찾았지만 어디에도 벗어놓은 옷을 찾을 수가 없었다.
  순간 스쳐 지나가는 생각은 평소 '논둑 무너진다.'고 꾸지람하시던 재철이 아버지가 가지고 간 것이 틀림없는 것이었다.
  창피함을 무릅쓰고 모두 알몸이 되어 사타구니만 두 손으로 가린 채 재철네 집으로 향했다.
  우리 생각대로 재철이 아버지께서 우리 옷을 모두 보관하고 계셨다. 앞으로 '영랑골 토강'에서는 절대 수영하지 않겠다는 다짐을 받고 나서야 아저씨는 웃으면서 우리들의 옷을 내어주었다.
  그렇지만 다음 해도 여름이 되면 또다시 동네 아이들이 영랑골 토강에 모여 수영과 다이빙을 했다.

  영랑골 토강은 어린 시절 우리들의 무더위를 식혀주던 멋지고도 커다란 수영장이었다.

중학교 동창 친구들과 함께

그해 여름은 또 그렇게 지나갔다

　더위에 지쳐서 밤잠을 설쳐대는 손주를 달래려 등에 업고 자장가를 불러 주던 할머니의 지친 모습도,

　지나가는 여름이 아쉬워 미루나무 꼭대기에 앉아 목청껏 울어대던 말매미의 노랫소리도…

　더위를 식히려고 영랑골 토강으로 몰려들어 깔깔대던 까맣게 그을린 친구들의 정다운 얼굴들,

　월남 백마부대로 아들 보내 놓고 정화수 떠놓고 여름밤을 새워가며 기도하던 큰어머니의 한 맺힌 간절히 기도하시는 모습,

　1976년 8월 18일 도끼만행 사건으로 훈련도 채 마치기도 전에 완전 군장하고 침상에 대기하며 부모님의 모습을 떠올리며 긴박했던 그해 여름밤도.

　그해 뜨거웠던 여름날은 또 그렇게 빠르게 지나갔으나 내 추억 속에는 생생하게 남아 있다.

방패연 날리던 겨울

 건넛마을 아저씨네 담장에는 방패연의 재료가 되는 신우대가 자라고 있었는데 겨울철만 되면 신우대는 동네 녀석들에게 수난을 당해야만 했다.
 겨울철에 즐길 수 있는 놀이라고는 논 가운데 만들어진 썰매장에서 썰매 타기와 연날리기가 한참 자라나는 우리들의 놀이 전부였다.
 사랑방으로 모여든 동네 녀석들은 연 만들기에 경쟁이나 하듯 방패연 만들었고, 어머니가 솜이불을 꿰매기 위해 사다 놓은 실타래는 방패연 때문에 실종되는 날이 많았지만 어머니께서 이를 두고 야단치신 모습은 기억에 없다.
 드디어 친구들은 잘 만들어진 연을 들고 동네 한가운데 약속 장소로 모여들었다.
 방패연이 좌우 균형이 맞지 않을 때는 솟구쳐 오르다가 뱅뱅 돌며 논 한가운데로 박혀 깔깔거리기도 하였지만 겨울바람을 타고 힘차게 하늘 높이 날아오를 때면 방패연과 함께 나의 꿈도 하늘 높이 날아올랐다.
 그렇게 겨울방학 내내 방패연과 시간을 보내고 정월 대보름날이 다가오면 방패연을 날려 보내야 했는데 그날은 친한 친구를 멀리 떠나보내는 마음처럼 온종일 서운한 마음이 가슴속에 가득했었다.

  방패연과의 이별도 가슴 아픈 이별인지 정월 대보름 무렵이면 아직도 그때 기억이 새롭다.

새터마을에 스피커가 들어오던 날

 핸드폰 하나만 있으면 텔레비전, 라디오, 영화, 음악 등 모든 것이 해결되는 시대에 이해하지 못하는 사람들이 있을지 모르지만 내가 초등학교에 다닐 무렵에는 라디오조차 없어서 유선 스피커를 들으며 세상 정보를 얻었다.
 1960년대 우리 동네 새터마을을 비롯해 당미, 흐미터, 새터, 건넛마을, 서당골, 영랑골 등에는 어림잡아 백여 가구 모여 살아가는데 삐삐선(군사용 전화선)을 깔고 집집마다 스피커를 들여놓았다.
 사각형 스피커에서는 라디오 드라마와 음악, 그리고 세상 돌아가는 뉴스들이 흘러나왔다.
 임택근, 이광재 아나운서가 '고국에 계신 동포 여러분, 기뻐해 주십시오!'를 외치던 스포츠 중계를 들은 것도 삐삐선 스피커였다.
 특히 이미자의 '섬마을 선생님' 노래가 울려 퍼지면 사춘기에 접어든 누나는 일손을 멈추고 마치 섬마을 선생님을 짝사랑이나 하는 듯 콧노래를 흥얼거렸다.
 그런데 가끔 태풍이 불거나 눈보라가 치면 삐삐선이 나무에

엉켜 끊어지는 날에는 불통되기 일쑤였는데 이를 해결해 달라고 스피커 운용 업체인 당미 마을 창고집에 달려가 보지만 인력과 기술이 부족했던 시절이라 즉시 해결되는 일은 거의 없었다.

스피커를 사용하는 대가로 일 년에 두 번씩 비용을 곡물로 지불했다. 봄에는 보리타작이 끝나는 대로 보리로, 가을에는 추수가 끝나는 대로 벼로 스피커 사용료를 지불해야 했지만 일부 집에서는 그것도 힘들어서 외상으로 하는 경우도 많았다.

지금은 상상할 수 없는 문명의 사각지대(死角地帶)에서 스피커를 통해 들려오는 세상 돌아가는 이야기는 꿈 많은 젊은이들에게 새로운 세상에 대한 동경과 열망을 공급해 주었다.

라디오와 텔레비전이 없던 시대의 유선방송 스피커는 참으로 특별한 사건 중의 사건이었다.

그 이후 둘째 누나가 객지로 나가서 스웨터를 짜는 기술을 배워서 돈을 모아 일제 소니 트랜지스터를 사 오셨는데 그 후로는 집 안 스피커 앞에서만 들을 수 있었던 라디오방송을 논밭 인터에서 일하면서 어디서나 들을 수 있어서 얼마나 좋았던지. 지금 생각하면 웃음이 나오기도 하지만 모든 것이 귀했던 그 시절 우리 가족에게 꿈과 희망을 주었던 스피커였다.

가을 운동회

　추석이 지나고 가을바람이 솔솔 불면 온 마을은 학교 운동회로 들떴다.

　마을 사람들은 바쁜 농사일을 멈추고 운동회를 즐겼다. 아이들 운동회인지, 학부모 운동회인지 구분이 안 될 만큼 아버지 어머니들께서 더 열중하시고 신명이 하늘을 찌를 정도였다.

　높은 가을 하늘 학교 운동장에는 만국기가 높이 휘날리고 확성기에서 신나는 행진곡이 울려 퍼지면 온 동네 사람들은 맛있는 점심을 준비해서 학교로 향했고 백군과 청군 운동복으로 차려입은 우리들은 마냥 신이 났었다.

　드디어 교장 선생님의 호루라기 소리가 울려 퍼지면 달리기와 기마전, 그리고 줄다리기 경기가 이어졌다.

　그 가운데 줄다리기가 가장 인기 있는 종목이었다. 달리기를 못하는 친구와 함께 달려서 운이 좋게 상을 타게 되면 상을 받아들고 가족 앞에서 우쭐하기도 했다.

　드디어 기다리던 점심시간이 되어 커다란 플라타너스 그늘로 가면 맛있는 음식을 준비해 온 가족이 기다리고 있었다. 평소에는 먹어보지 못하던 사이다, 김밥, 삶은 계란 등이 보자기 위에 가득 펼쳐져 있었다. 온 식구들이 둘러앉아 이야기꽃을 피우며 먹는 점심은 꿀맛이 따로 없었다.

 점심시간 뒤에는 기마전, 마을대항 달리기 경기가 펼쳐졌다. 마을 대항 달리기는 어른들의 응원까지 열기를 더해 흥을 더욱 돋우었고, 근처 초등학교 선수들을 초대해 학교 대항 달리기를 할 때는 목이 터져라 함성을 질러댔다.

 별다른 문화 행사가 없는 시골 마을에서 학교 운동회는 어린이들만 아니라 온 마을 사람들이 모두 나와 즐기는 동네 축제였다.

술 조사와 밀주(密酒)

 1960년대는 쌀 생산량이 턱없이 부족하여 쌀로 술을 빚어 마시는 것을 법으로 금지했다. 밥 지어 먹기도 어려운데 쌀로 술을 빚어 마시는 것을 죄악시하던 시대였다.
 그러나 농촌에서 돈을 주고 술을 사 먹는다는 것은 농민들에게는 더 어려운 일이기에 술을 돈을 주고 사 마신다는 것은 경제적으로 용납이 되지 않는 일이었다.
 누구네나 할 것 없이 몰래 쌀로 술을 빚어 조상에게 제사를 드렸고, 힘든 농사일을 하면서 허기를 달래기도 했다. 이름하여 몰래 빚어 마시는 술이라 하여 '밀주(密酒)'라 했다.
 나라에서는 밀주를 담가 마시는 집을 단속하였는데 밀주 단속원을 '술 조사'라 불렀다.
 특히 명절 때가 되면 술 조사는 으레 마을을 돌아다니며 밀주 단속을 하였고, 마을에 술 조사가 나타났다고 동네에 소문이 퍼지면 하필이면 명절 때 술 조사가 나왔느냐고 모두가 볼멘소리를 했다.
 동네 아무개 집은 누룩 몇 개 걸려서 쌀 몇 가마 값의 벌금을 물게 생겼다고 걱정이고, 또 누구네는 뒷산에 숨긴 술 항아리가 적발되어 지서에 잡혀갔다고 울고불고 난리가 나기도 했다.

아버지는 늘 쌀로 빚은 막걸리를 좋아하셨는데 이러한 아버지의 즐거움을 위하여 바쁜 일상에도 어머니는 늘 밀주를 담가 놓고 아버지의 힘든 노동 후 즐거움을 채워주시곤 하셨다.

어머니의 술 담그시는 절차를 나는 훤히 꿰고 있다. 먼저 수확한 호밀을 절구통에서 빻아 호밀가루를 만드셨다. 이 호밀가루를 잘 버무려서 누룩을 만들어 두었다가 인적이 끊긴 늦은 밤에 술밥을 쪄서 누룩을 섞어 뒷동산 중턱에 숨겨둔 술 항아리에 채워 넣으셨다. 그런 뒤 며칠 기다리면 술이 맛있게 발효되기 시작하였다.

술 조사 때문에 한밤중에 호롱불을 들고 어머니와 가족들은 뒷산으로 이동하였는데 술이 다 익은 뒤 맑은 동동주 뜨는 날은 귀한 손님을 초대하는 날이었고, 청주를 떠내고 난 뒤 걸러낸 막걸리는 힘든 노동 후 드시는 아버지의 활력소였다.

막걸리를 걸러내고 나면 술지게미가 나오는데 먹을 것이 변변치 않던 그 시절에 술지게미에 당원(糖源)을 섞어서 허기를 달래기도 했는데 이를 먹고 나면 적당히 술에 취해 기분이 알딸딸해진다.

이런 기분 때문에 어른들이 술을 마신다는 생각을 하게 되었다.

추석 명절 콩쿠르대회

 매년 추석이 다가오면 마을 스피커에서는 노래가 울려 퍼지고 마을 청년회에서 주최한 콩쿠르대회가 열렸다.
 스피커에서는 사람 모으는 음악이 울려 퍼지고 동네 선남선녀들은 자신의 존재감을 높이기 위하여 한껏 멋을 낸 옷과 화장을 예쁘게 하고 무대에 올랐다.
 그날은 온 동네에 자신을 알릴 수 있는 절호의 기회이며 자기 존재와 장기 자랑을 마음껏 펼 수 있는 좋은 날이었다.
 콩쿠르대회를 통해 고향을 떠났던 선남선녀들이 모처럼 만날 수 있었다. 저마다 도시에서 사서 입은 울긋불긋 아름다운 옷으로 뽐내며 무대로 올랐고, 나이가 나이인지라 사랑을 찾아 밀어를 나누며 미래를 꿈꾸기도 했다.
 추석 명절 콩쿠르대회는 1년간 갈고닦은 노래 실력도 자랑하고 사랑을 찾아 나서는 젊은이들의 꿈의 기회였다.

춘궁기(春窮期) 보릿고개

어느 방송 트롯 경연 프로그램에서 열 살 남짓 어린 소년이 〈보릿고개〉라는 노래를 불러 큰 인기를 얻었다.

아야 뛰지 마라 배 꺼질라
가슴 시린 보릿고개길
주린 배 잡고 물 한 바가지 배 채우시던
그 세월을 어찌 사셨소.
초근목피의 그 시절 그 바람결에
비워져 갈 때 어머니 설움 잊고 살았던
한 많은 보릿고개여.
풀피리 꺾어 불던 슬픈 곡조는
어머님의 한숨이었소.

텔레비전에서 이 노래를 들으며 나는 50여 년 전의 새터마을 소년으로 돌아갔다.

긴긴 겨울을 넘어 봄이 지나가고 오뉴월이 오면 지난해 가을 수확한 곡식이 담겼던 광방 쌀독에서 빈 바가지 긁는 소리만 박

박 들려왔다.

바가지 긁는 소리는 쌀독에서만 울린 것이 아니라 어머니의 입에서도 한숨 섞인 바가지 긁는 소리가 아버지를 향해 울렸다.

어머니의 눈치를 보시며 아버지는 떨어지지 않는 발길을 옮겨 형편이 넉넉한 집으로 '장리쌀(長利-)'을 얻으러 가셨다.

장리쌀은 이자가 비싼 쌀을 빌리는 것인데 옛날 농촌에서는 가난한 농민들의 삶을 옥죄던 제도였다.

오뉴월이 되면 지난해 가을 농사 곡식은 다 떨어지고 7월이나 되어야 보리 수확이 되니 먹을 것이 똑 떨어지는 시기였다.

이 시기를 '보릿고개' 즉 봄철 가난한 시기라는 뜻으로 '춘궁기(春窮期)'라고 했다.

이 무렵이 되면 가난한 집에서는 부잣집에 가서 '장리쌀'을 얻어야 목구멍에 풀칠할 수 있었다.

그런데 장리쌀은 이율이 높아서 봄에 빌린 쌀 양의 절반을 가을에 이자로 갚아야 했다. 심지어 '곱장리'라고 해서 두 배로 갚아야 하는 경우도 있었다. 요즘 세태로 말하자면 '고금리 사채' 격이다.

한두 해 갚지 못하면 집을 빼앗기고 땅을 빼앗기기 일쑤였다. 대부분이 소작농인 마을에서 봄철 춘궁기는 일 년 중 감내하기 가장 어려웠던 시기였다.

우리 8남매의 학자금과 유학 보낸 자식의 학비를 대고 자녀의 결혼 자금까지 준비하려면 부모님의 허리는 더 굽어질 수밖에 없었다.

이러한 보릿고개를 넘기기 위해 아버지는 벌목장 등 돈을 벌 수 있는 작업장이란 작업장은 모두 찾아 나섰다.

몇 년 뒤 구로지 앞바다를 메우는 대규모 간척사업이 시작되어

새로 넓은 농토가 마련되고, 통일벼라는 생산량이 높은 신품종이 등장하면서 점차 식량 자급자족이 해결되어 갔다.

향수를 불러오는 한강 둔치의 원두막 전경

원두막에서 꿈을 키우다

　어머니는 이른 봄 건너 밭 한 모퉁이에 가족을 위해 호박과 오이, 그리고 수박과 참외를 심으셨다.
　집 앞 건너 텃밭은 우리 가족의 여름 나기 위한 식자재 창고 같은 곳이었다.
　벌과 나비가 부지런히 날며 꽃가루를 수정시키면 참외와 수박 넝쿨에 주저리주저리 열매가 달렸다.
　노랗게 익어가는 참외를 손구구로 세어가며 달콤한 참외와 수박 먹을 날만 기다렸다. 어떤 때는 식구들 눈치를 보아가며 설익은 참외를 몰래 따서 뒷동산에 가서 먹은 적도 있었다.
　땀방울을 뚝뚝 흘리시며 아버지께서 원두막을 지어 놓으시면 그곳은 피곤한 여름철 아버지의 낮잠을 위한 휴식처요, 지나가는 나그네가 인생 이야기를 풀어놓는 담소의 장소요, 뭉게구름 바라보며 꿈의 나라로 향하는 우리들의 아름다운 휴식처이기도 했다.
　참외가 노랗게 익으면 어머니는 참외를 따다가 깎아주셨다. 참새처럼 모여든 8남매의 까만 눈동자들이 둘러앉아 참외를 받아먹던 그때가 가장 행복한 시절이었다.
　그 시절 우리 남매들은 원두막에서 산들바람을 맞으며 방학 숙제를 하다가 스르르 낮잠을 즐기는 여름날 안방이기도 했다.

바지락과 칼국수

　산등성이 몇 개를 넘어 구로지 바다로 향하는 발걸음은 언제나 희망으로 가득 차 있었다. 그것은 구럭 가득 바지락을 채취해서 가족들에게 맛있는 칼국수를 제공하겠다는 소박한 꿈이 있었기 때문이다.

　그 옛날 당진 고대면 앞바다 갯벌에는 바지락이 지천으로 널려 있었다. 구로지 푸른 바다가 보이면 콧노래를 부르며 우리는 바다로 달려갔고, 썰물 빠져 나간 갯벌에는 바지락과 굴이 널려 있었다. 재수 좋은 날에는 소라와 낙지도 잡을 수 있었다.

　누님들은 바지락이 많은 곳에 자리를 잡고 열심히 바지락 잡는 재미에 푹 빠져들었다. 시간이 지나면서 들고 온 구럭에는 바지락이 가득 찼고, 우리들은 밀물에 쫓기듯 빠져나와 집으로 향했다.

　그렇게 갓 잡아 온 바지락을 삶아내어 밀국수가 만들어지고 감나무 아래 넓은 마당에 펼쳐진 멍석 위로 가족들이 모여들면 온 가족이 둘러앉아 바지락 칼국수를 맛있게 먹을 수 있었다.

　가족 모두 그렇게 고단한 하루 일과를 마치고 저 땅끝에서 어둠이 밀려오면 뒷동산에서는 소쩍새 소리가 메아리쳤다.

　하늘 가득 쏟아지는 은하수 별빛의 아름다움에 빠져 가족들의 여름밤 이야기는 밤이 새는 줄 모르고 이어져갔다.

여름방학 망둥이(망둑어) 낚시

 산등성이 넘으면 푸른 바다가 보이고 썰물 따라 물이 빠지고 나면 드넓은 갯벌에는 온갖 바다 생명들이 널려 있었다.
 썰게(쏙)와 돌게, 그리고 소라와 바지락 잡는 재미에 푹 빠져 살던 여름날이었다.
 고대면 앞바다는 더운 여름날 더위를 잊을 수 있는 놀이터이면서 입맛 잃기 쉬운 여름철 맛있는 먹거리를 제공해 주는 바다 텃밭이기도 했다.
 여름철 어느 날 친구와 나는 텃밭에 노랗게 익은 참외를 몇 개 따 가지고 바다로 향했다. 썰게와 새우를 잡아 망둥이 잡을 입감(미끼) 준비를 끝냈다.
 물 빠진 넓은 갯벌을 따라 십여 리 걸어 나가면 허리까지 차오른 시원한 바닷물이 우리를 반겨주고 바닷물에 사닥(사각형 그물인 '들망'의 사투리)을 내리면 삼복더위는 씻은 듯 모두 사라졌다. 한쪽에서는 낚싯줄에 끌려온 망둥이를 잡느라 시간 가는 줄 몰랐다.
 그렇게 잡아 온 망둥이로 어머니는 갓 따온 애호박과 함께 망둥이 매운탕을 끓이면 여름철 가족들에게 입맛을 돋아주는 맛있는 찌개가 되었다.
 구로지 갯고랑은 삼복더위를 피하는 아주 훌륭한 수영장이요, 맛깔스러운 여름 반찬거리를 제공해 주는 찬광이었다.

원정 온 노름꾼 이야기

　겨울철 농한기에 동네 아저씨들이 멀리서 원정 온 도박꾼이 있다는 소문에 당미마을 방앗간 집에 하나둘 모여들었다.
　일 년 동안 온 가족이 고생하여 얻은 곡식을 원정 온 도박꾼들이 농사꾼들의 쌀표(방앗간 보관증)를 노리고 판을 벌였다. 순박한 동네 아저씨들을 감언이설로 유혹하면 한탕주의 욕심에 빠진 순진한 농부들은 결국 교활한 도박꾼에 넘어가 알거지 신세가 되기 일쑤였다.
　동네에서 농사를 제법 많이 짓는다는 아저씨도 일 년 동안 농사지은 쌀표를 모두 잃고 이를 되찾아 오겠다고 숨겨놓은 땅문서까지 들고 나갔고 이를 알아챈 아주머니는 땅바닥에 주저앉아 통곡하며 하늘만 바라보고 있었다.
　그렇게 재산을 탕진한 아저씨는 도박꾼이 떠난 뒤 술로 세월을 탄식하며 보내다가 끝내는 돌아오지 못할 저승길을 선택하고야 말았다.
　그렇게 가족의 삶을 파탄 내고 가족들의 미래를 송두리째 앗아간 그 도박꾼은 어디서 어떻게 살고 있는지 원망스러웠다.
　더 안타까운 일은 그렇게 당하는 이웃을 보고도 다시 겨울철이 되어 도박꾼이 동네에 들어오면 슬금슬금 하나둘 당미마을 방앗간으로 찾아간다는 것이다.
　타산지석(他山之石)의 교훈은 책 속에만 있는 것 같았다.

모내기와 품앗이

 어린 시절 5월이 되면 모내기 작목반을 만들어 집집마다 모내기 순서를 정했다.
 동이 채 트기 전 이른 새벽부터 서당골, 건넛말, 흐미터에서 동네 어르신들이 모여들고 일시에 못자리에 들어가 모를 찌기 시작하였다.
 논둑 양쪽 끝에서는 나이 많으신 할아버지가 못 줄을 잡고 신나는 곡조로 모를 심는 일꾼들의 흥을 돋우시면 어르신들은 허리 한 번 펴지 못하고 열심히 모를 심었다.
 처음 모내기에 나온 젊은이의 모심는 동작이 굼뜨면 다른 작목반원들의 지청구를 한몸에 받아야 했다. 허리를 펼 수 있는 시간이라고는 새참이 나오는 시간뿐이었다.
 한 달 전부터 모내기 음식 준비로 어머니는 술을 빚으시고 당진읍 5일장에 나가서 맛있는 반찬거리를 사 오셨다. 행여 다른 집보다 음식 맛이 빠질까 정성껏 음식을 차리셨다. 모심는 날은 동네 아주머니와 아이들까지 모여들어 마치 잔칫날과도 같았다.
 모내기를 마치고 건넛방 툇마루에 앉아 있노라면 소쩍새 울음소리와 개구리 합창 소리가 메아리쳐 왔다.

 내 고향 정취에 흠뻑 젖어 있던 때가 엊그제 같은데 벌써 고향을 떠나온 지가 반백 년이 훨씬 넘었다. 지금쯤 내 고향 모습은 어떤 모습으로 변해 가고 있을지 궁금하다.

모내기 전 논에 써레질하는 모습. 아버지를 연상케 한다

반갑지 않은 가을 손님

  추석이 다가와 선산에 벌초하러 가는 날이다. 일기예보에 의하면 곧 태풍이 우리나라에 상륙한다고 한다.
  바람보다 비를 먼저 뿌리는 것이 태풍인데 오늘 비를 피하고 무사히 벌초할 수 있을까 걱정이 된다.
  하늘에 의지하여 천수답(天水畓) 농사를 지어야 했던 시절, 이른 봄에 내리는 봄비는 잠들어 있던 대지에 생명을 살리는 반가운 단비가 되지만 태풍과 함께 올라온 가을비는 낟알이 거의 익은 농사를 망치는 달갑지 않은 손님이었다.
  모내기 철 봄 가뭄이 들면 농부들은 모내기 걱정에 밤잠을 설쳐야 했다. 논 한 모퉁이에 자리 잡은 토강(못)에서 온 가족이 나와 용두레로 물을 퍼 올려 늦은 모내기를 해야 했다. 때로는 서로 자기 집 논에 물을 먼저 푸겠다고 싸우는 일까지 벌어졌다.
  여름철 장마를 견뎌낸 벼 포기에서 낟알이 익어가는 가을이 오면 어김없이 태풍이 온 마을로 몰아닥쳐 한해 농사가 물거품이 되어 한숨이 깊어가던 시절이 있었다.
  신작로의 큰 나무들이 뿌리채 뽑혀 나뒹구는 큰 태풍이 마을을 덮쳤고 채운뜰은 온통 물바다가 되어 학교에 갈 엄두도 내지 못하고 있던 날 윗동네에서 볏단과 곡식들이 뒤엉켜 불어난 냇물에 떠내려오기도 했다.

 한해 농사를 망쳤다고 한숨 가득하던 우리의 부모님들, 참으로 힘든 세월을 보내신 부모님을 뵈러 오늘은 산소에 벌초하러 가는 날이다.

이른 봄 파래 수확

 아직 추위가 가시지 않은 춘삼월, 살을 에는 듯한 찬바람이 옷속을 파고들지만 바다가 늘 그리웠던 나는 누나들을 따라 구로지 고개 너머 바다로 향했다. 멀리서 푸른 바다가 썰물을 따라 갯벌을 드러내면 파란 파래가 지천으로 널려 우리를 맞이했고 누나와 나는 손발이 시린 것도 잊은 채 구럭 가득 파래를 쓸어 담았다.

 그렇게 파래를 수확해서 집에 돌아와 어머니와 누나들이 손질하여 햇빛에 말리면 맛있는 청태 김으로 변신하여 가족의 반찬이 되었다. 깨소금과 식초를 넣어 만든 파래 초무침과 굴 물회는 지금도 잊을 수 없는 꿀맛 같은 어머니의 솜씨 좋은 음식이었다.

 꿈에도 잊을 수 없는 구로지 앞바다는 가난했던 시절 꿈을 키워 주었고, 일 년 내내 가족들에게 반찬거리를 제공해 주던 풍성한 바다 텃밭이었다.

 지금은 간척지 공사로 농토로 변하여 아쉬움이 많지만 사계절 내내 식탁을 풍요롭게 만들어 준 구로지 바다는 나에게 꿈과 즐거움과 행복을 제공했던 아름다운 공간이었다.

정월 대보름 쥐불놀이

오늘은 주말이자 정월 대보름이다.

어린 시절에는 큰 명절이었는데 지금은 겨우 달력이나 텔레비전 방송을 통해서만 대보름날이구나 하고 알아치릴 뿐이다.

다행히도 아내가 오곡밥과 갖은 나물 반찬을 차려주어서 정월 대보름이란 것을 잊지 않게 해주니 고맙기 그지없다.

정월 대보름이 되면 동네 친구들과 미군부대 쓰레기장에서 빈 깡통을 주워다 못으로 구멍을 뚫고 끈을 매달아 그 안에 관솔과 솔방울을 넣고 불을 붙여 마구 돌리면 불이 활활 타오르기 시작했다. 그럼 그것을 빙빙 돌려가며 이곳저곳 뛰어다니며 논두렁 밭두렁에서 쥐불놀이를 했다.

쥐불놀이하는 보름날이면 온 동네가 불타는 냄새와 연기로 가득했었다.

보름을 맞이하여 소박하게 안분지족(安分知足)의 삶을 깨닫고 온 가족이 건강하게 올 한 해도 행복하게 잘 지낼 수 있도록 둥근달을 바라보며 한 해의 소망을 마음속에 담아본다.

성장기와 자취생활

중학교 자취 생활

당진읍내 중학교에 입학한 나는 통학 거리가 멀어서 공부 잘하는 동네 수기형과 당진읍내에서 자취 생활을 하였는데 수재로 소문난 형은 고등학교를 장학금으로 다녔다.

아버지께서는 형의 공부 습관을 배우라고 같이 자취를 시켜 주신 것이다.

그 당시 나는 공부보다 다양하게 책 읽기를 좋아했다. 특히 국어 교과서에 실린 황순원의 〈소나기〉를 읽으며 아름다운 사랑을 꿈꾸기도 하고, 많은 단편소설과 태평양 전쟁 같은 장편소설도 읽었다.

중학교의 독후감 대회에서 〈로빈슨 크루소〉를 읽고 독서상을 타기도 하여 황순원 같은 소설가가 되겠다는 꿈을 꾸기도 했었다.

그렇게 어린 나이에 형과 자취가 시작되었는데 연탄불이 가끔 꺼질 때면 힘이 들었고 쌀을 씻어 조리질해서 밥 짓는 일은 간단했지만 반찬을 만드는 일이 쉽지 않아서 늘 고민을 했었다.

그렇게 시작된 자취 생활은 서울에 올라와 고등학교까지 이어졌고 밥이며 빨래며 설거지하는 일이 몸에 배게 되어 성인이 되어서도 어느 일이든 스스로 해결하는 자립심이 생겼다.

그 후 아버지께서 선물로 사주신 자전거로 등하교를 하면서 중학교 때 자취 생활은 끝이 났고, 서울로 올라와 고등학교 유학 생활하면서 다시 시작되었다.

나의 자가용 자전거

내가 다니던 당진중학교는 읍내에 자리 잡고 있어서 시오리(6km)나 되는 거리를 걸어서 등하교하려면 족히 왕복 두 시간 이상씩 걸어야 했다. 하교 후 저녁을 먹고 나면 너무 피곤해서 공부에 집중이 되지 않고 십 분도 지나지 않아 쉽게 잠에 골아떨어지곤 했었다.

그런 내 모습을 안타깝게 여기신 아버지는 어느 날 큰 결심을 하시고 쌀을 팔아서 시장터 자전거포에서 자전거를 선물로 사 주셨다.

그렇게 시작된 나와 자전거의 관계는 사계절 눈이 오나 비가 오나 매일 내 친구가 되어 주었고 자전거만 있으면 언제나 어디든지 갈 수 있었다.

또한 학교 운동회 때는 자전거 선수로 뽑히게 되었는데 학교에서 석문까지 왕복 50여 리(20여 km)가 넘는 긴 코스였다. 비포장 오르막길과 내리막길을 왕복하는 경주라 힘이 들었지만 결승선을 들어올 때 친구들의 힘찬 함성과 박수 소리는 완주(完走)의 자부심을 느끼는 데 힘을 더해 주었다.

중학교 때 시작된 자전거 타기 즐거움은 칠순의 지금에도 그대로 남아 있어서 주말이 되면 아침 일찍 자전거 페달을 밟는다.

동쪽으로는 구리를 지나 팔당까지 갔다가 돌아오고, 서쪽으로는 마포를 지나 행주산성까지 갔다가 돌아오곤 한다.

사계절 시원스럽게 강변으로 펼쳐진 풍경과 강변 공원에 피고 지는 아름다운 꽃들은 도심 직장생활에 지친 몸을 힐링하기에 너무 좋다.

그렇게 자전거는 내 몸을 튼튼하게 단련해 주어서 이제까지 큰 질병 없이 나를 견디게 해 준 친구이자 값진 분신이기도 하다.

세상살이가 모두 그러하듯 지쳐서 멈췄다가도 페달을 힘차게 다시 밟으면 힘차게 굴러가듯이 오늘도 나의 두 다리는 라이딩으로 힘을 얻어서 시원한 강바람을 가르며 힘차게 앞으로 달려 나간다.

주말 한강변 라이딩을 즐기고 있는 현재의 나

고등학교 시절 자취생활

　서울로 고등학교에 유학 온 시골 촌놈은 돈이 없어서 친구들처럼 하숙 생활은 꿈도 꾸지 못하고 흑석동 산꼭대기에 조그만 셋방을 얻어 자취 생활을 하게 되었는데 아침 저녁밥을 해 먹으며, 거기에다가 도시락까지 싸서 학교 다닌다는 것은 만만치가 않았다.

　고향에서 한 달 생활비가 도착하면 시장으로 달려가 한 달 지낼 쌀과 라면과 계란을 샀다. 겨울에는 연탄까지 주문해 놓으면 한 달 살이 준비는 끝났다.

　어느 때는 밥하기가 귀찮아서 라면으로 세 끼를 해결한 적도 있었는데 며칠은 괜찮았으나 매일 라면을 먹으니 질려서 입에서 밀가루 냄새가 풀풀 났다.

　도시락을 쌀 때는 반찬이 없어 밥 위에 달랑 계란프라이 하나 얹었는데 이 또한 며칠 계속 먹었더니 입에서 닭똥 냄새가 나는 것 같았다.

　나중에는 계란프라이를 친구들에게 주고 친구들이 싸 온 반찬을 얻어먹기도 했다. 그럴 때마다 어머니가 해주는 김치와 고추장이 너무도 먹고 싶었다.

　자취하는 주인집에 여학생도 있었는데 그 학생이 집 안에 있을 때 수돗가에서 빨래하고 설거지를 하려면 창피하기도 했다.

　때로는 주인 아주머니 허락을 받고 여학생과 함께 장학퀴즈 프로그램을 보며 정답 맞히기 내기를 한 추억이 있다.

　고등학교 시절에도 도서실에 가면 책이 많아서 좋았다. 딱딱한 학교 공부보다 일주일에 두세 권씩 책을 빌려서 읽곤 했는데 책을 통하여 참된 삶의 이야기와 소설을 읽으며 인생의 간접 경험과 지혜를 얻기도 했다.

고3 가을소풍 담임선생님과 함께 비원에서

여름방학을 친구와 함께

 여름방학이 되어 친구와 함께 장항선을 타고 고향집에 내려간 적이 있었다. 당진에는 지금도 기차역이 없어서 신례원역에서 내려서 당진행 버스를 탔는데 버스에 짐만 실어놓고 화장실에 갔다 온 사이에 버스가 출발해 버린 사건이 있었다. 택시를 잡아타고 버스를 따라가서야 버스에 올라탈 수 있었다.
 우여곡절 끝에 친구와 나는 고향집에 도착해 짐을 풀어놓고 친구와 함께 구로지 바닷가로 나가 망둥이를 잡았다.
 어느 날에는 고대방죽에 가서 민물고기도 잡아오면 어머니가 끓여주신 매운탕과 텃밭에서 수확한 수박도 주셨다. 놀랍게도 어머니는 뒷동산에 숨겨놓은 막걸리까지 걸러서 마시라고 내주셔서 주거니 받거니 하다가 얼굴이 빨게 지기도 했다.
 해가 지고 어둠이 몰려오고 툇마루에 나가 함께 이야기를 나누고 있으면 온 동네에 개구리 소리와 소쩍새 울음소리가 울려퍼졌다.
 농촌의 밤 풍경에 젖은 친구는 나중에 시골에 내려와 함께 살고 싶다고 했다. 그 친구는 지금 외국에 이민가서 살고 있는데 종종 전화를 걸어 옛날 새터마을 그 분위기를 잊을 수 없고, 맛있는 음식을 해 주시던 어머니가 보고 싶다고 했다.

　어머니는 언제나 서울에서 내려온 아들 친구를 위해 최선을 다하셨다.

　추석 때 쓰려고 아껴둔 찹쌀로 인절미도 만들어 주셨고, 시골에서 구할 수 있는 온갖 재료로 맛있는 음식을 많이 만들어 여름에 지친 우리 입맛을 되살려 주시기도 했다.

　그렇게 어머니는 아들 손님은 곧 아들이라는 생각으로 최선을 다하셨다.

고등학교 동창 친구들과 당진 여행 중 솔뫼성지에서

여름철 수박 파티

서울에서 유학생활을 하다가 방학이 되면 으레 고향에 내려갔다.

서울에 머물면서 공부도 하고 모자란 부분을 보충하기 위해 학원도 다니고 싶었으나 학원비를 낼 만큼 경제적 형편이 따라주지 않았다.

또 부모님과 형제자매들이 보고 싶기도 해서 방학하자마자 그날로 고향에 내려갔다.

오랜만에 보는 가족들과 기쁨을 나누는 것도 잠시 부모님의 바쁜 농사일을 거들기 위해 바로 일터로 나가야 했다. 농번기 때는 '부지깽이도 곤두서서 돌아다닌다.'는 속담대로 누구 하나 한가할 틈이 없었다.

우선 담뱃잎을 따러 밭고랑으로 들어섰다. 퀴퀴한 담뱃잎 냄새에 머리가 띵했고, 하늘에서 내리쬐는 땡볕에 금세 온몸이 땀으로 범벅이 되었다.

한여름 담배밭이나 콩밭에 들어가 있으면 바람이 통하지 않아 찜통과 다를 바 없다. 더구나 지열까지 더해져 숨이 턱턱 막힌다. 숨이 막히고 땀 범벅이 되어 밭에서 튀어나오고 싶을 그 즈음에 어찌 아시고 어머니는 수박 먹고 일하라고 부르셨다.

앉아서 천 리를 내다보시는 어머니셨다.

펌프질해서 퍼 올린 차가운 지하수로 등목하고 나면 더위는 싹 달아나고 이른 봄 텃밭에 심어놓았던 참외와 수박이 시원한 우물가 고무함지 안에서 둥둥 헤엄치고 있었다.

어머니는 머리통 크기의 수박을 건져서 칼을 살짝만 갖다 대도 '쩍' 소리를 내며 갈라지는 수박을 건네주셨다. 빨간 속살에 촘촘하게 검은 씨앗들이 박혀 있는 수박을 가족들이 둘러 앉아 퉤퉤거리며 나누어 먹으면 타는 입술과 쏟아지던 땀들은 순간에 날아갔다.

여름철 무더위에 수박은 우리 가족에게 행복을 안겨준 축복과도 같은 귀중한 간식이었다.

고등학교 시절 추억

 지금은 강남구 도곡동으로 이전했지만 흑석동 중앙대학교 정문 앞에 자리 잡은 중대부고는 한 학년이 10반씩, 한 반에 60여 명씩이었다. 그럼 한 학년이 600여 명이 되고 3개 학년 총 학생수는 무려 약 2,000명에 가까웠다.
 그래서 졸업 후 동창회에 나가보면 처음 보는 얼굴들도 꽤 많았다.
 우리 모교는 축구와 조정 종목에서 두각을 나타냈으며 중간고사가 끝나면 단체로 서울시내 유명 영화관을 빌려 율브리너의 명작인 〈벤허〉, 〈바람과 함께 사라지다〉, 〈십계〉, 〈대장 브리바〉 등 명화를 감상하면서 감명을 많이 받았다.
 학교 앞이 종점인 84번 버스를 타고 창경원(지금의 '창경궁')에 가끔 친구들과 함께 갔었다. 내가 고등학교 다닐 때인 1973~1975년에는 창경원에 동물원이 있었다.
 그리고 벚꽃이 필 무렵이면 대학생들 사이에서는 소위 '밤벚꽃 미팅'이 유행했었다. 그러다가 1984년 과천에 서울대공원이 문을 열면서 창경원의 동물들이 모두 그곳으로 옮겨졌고, 창경원은 다시 '창경궁'의 이름을 되찾았다.

창경원 입장료를 낼 돈이 없어 몰래 담을 넘어 들어가 버찌를 따먹고 놀던 일, 경주로 수학여행을 가서 자라는 잠은 안 자고 여관 정문은 잠겨 있으니 담치기를 해서 불국사 앞 거리를 밤새워 뛰어 다니며 놀던 일이 주마등처럼 떠오른다.

고2 수학여행 경주 첨성대에서

우리 동네 예배당 진옥교회

건넛마을 멋진 장로님은 당진으로 예배당에 다니셨고 우리 마을에 교회가 있어야겠다는 신앙심에 이웃집 승호 아버지 (김기신)에게 사정하여 교회 부지를 기부받았다.

옥현리 넘어가는 산등성이에 청년들이 모여들었고 동네 청춘 남녀들이 힘을 합쳐서 교회를 짓기 시작하였다. 황토에 볏짚을 썰어 넣고 짓이겨 흙벽돌을 찍어내면 여자들은 날라다 햇빛 잘 드는 장소에 옮겨 말렸다. 청년들이 주춧돌을 놓고 마른 벽돌을 쌓아 올리자 서서히 교회 모습이 완성되어 갔다.

그렇게 몇 날과 몇 밤이 지나면서 멋진 교회가 완공되었고 부흥회 때마다 교회로 몰려드는 동네 사람들로 붐볐다. 크리스마스가 다가오면 아이들은 선물 나눠준다는 소식에 삼삼오오 교회당으로 가득 모여들어 선물을 받아들고 즐거워했다.

아브라함부터 다윗과 모세 기적 이야기에 우리들이 빠져들 때면 간식거리도 제공되었고, 새벽을 깨우는 은은한 교회 종소리가 작은 마을에 울려 퍼졌다. 그 종소리는 한적한 시골 동네에 진리를 깨우치는 나침판 같은 소리였으며, 해가 지고 나서 울려 퍼지는 청아하고 잔잔한 교회 종소리는 어두운 세상에 빛을 비

새문안교회에서 세례식을 마치고 (1980.03)

새로 신축된 새터마을의 진옥교회

새터마을의 아름다운 교회 종소리

 가끔 높이 매달린 교회 타종 줄을 당겨보기도 했지만, 그 종은 아무나 칠 수 없는 신성한 교회의 종이었다. 교회에서 가장 부지런하고 신앙심이 높으신 분이 교회 종을 담당하셨다.
 가로등도 없었던 깜깜한 시골길 언덕 위 높은 곳에 매달린, 그것도 눈이 내린 겨울철 호롱불을 들고 올라가 새벽종을 쳐야 하는 일은 결코 쉽지 않았다. 그분은 언제나 조용하고 인자한 모습에 늘 기쁨과 웃음이 가득한 온화한 얼굴이었다.
 교회 바로 아래 집들은 새벽잠을 깨운다고 불만도 있었지만, 그 어느 누구도 교회 종소리를 막을 수는 없었다. 어느 날부터인가 소음 규제로 교회 종소리를 들을 수 없게 되어 너무나 안타깝고 서운한 마음이 가득하다.
 그렇게 온 마을 사람들의 잠을 깨워 진리를 깨우치던 새벽 종소리. 어머니는 하루를 시작하기 전 새벽에 교회에 나가 기도하며 가족들의 평안함과 감사와 찬송으로 참된 삶으로 살아가고자 하셨다.
 내 고향 작은 마을 사람들에게 울려 퍼지던 그 아름답고 청아한 종소리!
 오늘은 그 소리를 다시 듣고 싶은 성탄절 이브이다.

크리스마스날 선물과 썰매 타기

 조용한 시골 동네에 탄일종(誕日鐘) 소리가 잔잔하게 울려 퍼지면 평소에 교회에 나가지 않던 친구들도 선물을 준다는 소문에 교회로 모두 몰려가 평소 접할 수 없고 맛볼 수 없는 선물 하나둘씩 받아들고 신이 났었다. 그것은 우리에겐 큰 기쁨이고 즐거움이었다.
 그렇게 교회 행사가 끝나면 우리들은 모두 동네 한가운데 만들어진 논 썰매장에서 썰매 타기를 즐겼다. 매년 겨울방학이 시작되고 좁은 마을에 매서운 한파가 엄습하면 동네 한가운데 자리 잡은 논에 물을 대어 썰매장을 만들었다.
 주변 산에서 잘 자란 어린 소나무를 베어 썰매 꼬챙이를 만들고 제일 빠르고 폼 나는 비행기 썰매(외썰매)를 만들기 위한 경쟁에 몰두했다.
 썰매가 멋지고 잘 달릴 수 있도록 썰매 바닥 한가운데에는 굵은 철사나 칼날 같은 것을 끼워 넣어야 했는데, 어떤 친구는 학교 창살을 몰래 뜯어서 비행기 썰매를 만들다가 야단맞기도 했었다.
 귀가 떨어질 것 같은 혹독하게 추운 어느 겨울날, 누님과 어머니가 준비해 준 귀마개와 벙어리장갑으로 중무장을 하고 우리는 초겨울부터 만들어 놓은 썰매를 가지고 썰매장으로 향했다.

 친구들과 썰매를 한참을 즐기다 발이 시리면 얼어있는 발을 녹이려고 옹기종기 모여서 모닥불을 피우고 발을 쬐다가 나일론 양말을 홀라당 태워 버리는 경우도 종종 있었다.

 나일론 양말이나 옷가지는 불기운이 조금만 닿아도 바로 타버려서 여간 조심하지 않으면 안 되었다.

성경에서 진리를 발견하다

대학을 다닐 때 어느 겨울방학이 되기 전 마지막 채플 시간에 김형석 교수님께서 던진 한마디, 그 한마디가 내 인생을 바꾸어 놓았다.

'세계적인 베스트 셀러이며 이제까지 읽힌 책 중에서 가장 많은 사람이 감동 받아 인생을 바꿔 놓은 성경책을 대학 시절에 읽을 기회를 놓친다면 큰 후회를 하게 될 테니 이번 겨울방학을 통해서 반드시 읽어보기 바란다.'

드디어 겨울방학이 시작되어 짐을 챙겨서 고향에 내려갔고 어두운 사랑방 초롱불 밑에서 성경책을 읽어 내려갔으나 창세기부터 시작된 구약성경은 지루하고 따분하기만 했다.

그래서 예수님 탄생부터 기록된 신약부터 읽어 내려갔다. 복음서를 읽어 내려가다가 눈물을 흘리며 흐느끼기 시작하였다.

'하나님이 이처럼 나를 사랑하사 독생자를 주셨으니 이는 그를 믿는 자마다 멸망하지 않고 영생을 얻게 하심이라.'

'수고하고 무거운 짐진 자들아, 다 내게로 오라. 내가 너희를 편히 쉬게 하리라.'

이런 성경 구절에서 흐느끼는 소리가 밖에까지 들렸고, 어머니께서는 걱정 가득한 모습으로 나의 어깨를 두드리셨다.

중학교 때부터 자취 생활하며 객지 생활로 떠돌이 한 아들이 마음고생을 많이 해서 그런 것으로 생각한 것이다. 그렇게 해서 시작된 우리 가정은 신앙이 자리를 잡는 계기가 되었다.

20대 접한 성경책과 그때 교수님께서 추천해 주신 여러 가지 책들은 내 삶에 큰 지침서가 되었고 인격 형성에도 지대한 영향을 주었다. 특히 당시 유명했던 김형석 교수님과 안병욱 교수님의 철학 서적은 내 인생에 많은 영향을 주었고 삶에 대한 진리를 깨우쳐 준 책들이다.

그 두 분의 스승님이 아니었더라면 내 인생은 신앙도 없이 그저 살기 위해서 발버둥치는 평범한 인생에 지나지 않았을 것이다.

지금도 100세를 넘기신 김형석 교수님께서 가끔 텔레비전에 나오셔서 인생론 강의를 하시는 것을 뵈면 그때 생각에 마음이 숙연해진다.

군대 입대

대학 입학한 그해 여름 입영통보 영장을 받아들고 (1976년 8월 3일), 머리를 빡빡 깎고 고향에 가서 부모님께 큰절을 올리고 논산훈련소로 향하는 군용열차에 올랐다.

장정 생활을 마치고 훈련 연대에 들어가기 직전 집합 명령이 떨어졌다. 별로 원하지 않는 하사관학교 차출 군번을 호명하는데 내가 포함되었다.

논산훈련소를 나와 여산에 위치한 제3하사관학교까지 따블백을 메고 걸어야 했는데 목이 타들어 갈 때는 지급된 소금을 먹으며 걸어가야 했다.

논둑을 건너갈 때는 하도 목이 말라서 모자로 논물을 떠마셨는데 당시에는 난생처음 겪는 일이라서 오만가지 생각이 머리에 맴돌았다.

6개월간의 고된 훈련 기간은 결코 견디기 쉬운 것이 아니었다. 무더운 여름에 입소하여 눈 내리는 겨울까지, 아침에 기상하여 구보로 시작한 생활은 매일 십여 리를 달려야 했다.

가장자리는 꽁꽁 얼어 있고, 저수지 한가운데는 수심이 깊어 얼지 않은 대아리 저수지에서의 하강훈련은 잊을 수 없는 유격훈련 중 하나였다.

입소한 지 얼마 되지 않아 8.18 북한 도끼만행 사건이 일어나 완전 군장에 실탄까지 받아들고 전방 배치 명령만 기다리고 있었다.

내부반 침상 끝에서 부모님께 기도하며 긴장의 여름밤을 하루하루 공포감으로 지내야 했다. 다행히 출동명령은 떨어지지 않아 안도의 한숨을 내쉬었다.

하사관학교에서 6개월 훈련을 마치고 자대 배치받은 곳이 안동의 예비사단이었다. 그곳은 경상도 지역에서 입소한 훈련병을 교육하여 전방에 배치하는 부대였다. 예비사단 교육대 내무반장 겸 조교로서 역할을 훌륭하게 수행하였다.

하사관 조교생활

안동 신병교육대에 배치 명령을 받은 나는 전입신고를 마치고 훈련병들의 내무반장과 조교 역할을 담당하였다.

남 앞에 나서기 꺼리는 내성적인 나의 성격은 하사로서 신병들의 조교와 내무반장으로서 역할을 수행하며 성격이 점차 활발해져서 훌륭하게 군생활을 적응해 나갔다.

특히 사격에는 누구보다 자신이 있어서 군 사격대회에 자주 선발되곤 했는데, 그 덕분에 포상휴가도 자주 다녀올 수 있었다.

입소한 신병을 군생활에 기본이 되는 군사교육을 마쳐 전방부대에 배치하는 일은 반복적이지만 재미가 있었다. 특히 제식훈련과 총검술은 나의 주특기로 모범조교 역할을 성공적으로 수행했다.

안동에서 군생활을 하는 동안 주변을 둘러보며 그 지역의 생활상을 자세히 관찰하게 되었다. 특히 상주, 안동, 풍기 지역은 곶감의 주생산지로 훈련병들이 면회를 마치고 나면 부모님들이 가져온 곶감을 내무반에 저장해서 조교들과 마음껏 나눠 먹을 수 있었다.

주경야독으로 석사 학위를 취득하다

〈안성유리〉에서 근무하던 중 배움에 대한 부족을 느끼고 주경야독으로 한양대 경영대학원(야간)에서 학업을 지속하기로 하였다.

회사가 수원에 있어서 서울에 있는 대학원까지 다니기 위해서는 수업이 있는 일주일에 3일은 조기 퇴근해야 했는데 회사의 특별한 배려가 있어서 가능했다.

수원에서 전철을 타고 대학원에 도착하여 저녁을 먹고 수업을 듣고 나면 밤 10시 정도 되었는데 다시 수원까지 내려가면 자정을 넘기기가 일쑤였다. 학교 과제에 시험준비까지 하려면 주말은 더 여유가 없었다.

대학원 졸업식에 참석하신 부모님과 아들

그렇게 5학기 과정을 마치고 졸업 논문이 통과해서 회계학 석사학위를 취득하였는데 주경야독으로 어렵게 졸업한 아들의 졸업식을 보려고 고향에서 올라온 부모님께서는 대견하다며 기뻐하셨다.

아버지에게 석사모를 씌워 드리며 처음으로 효도를 한 것 같아 기분이 좋았다. 그렇게 배운 지식은 회사 발전에 많은 도움이 되었고 그 덕분에 회사 생활을 승승장구하면서 회사가 성장하고 힘든 고비마다 슬기롭게 극복할 수 있는 실력도 갖춰지게 되었다고 생각하며 배려해주신 모든 분께 감사드린다.

한양대학교 경영대학원 동기들과 함께

회사 생활과 나의 존재

 회사에 입사한 후 많은 시간을 임직원들과 함께하며 하루 중 대부분을 회사에서 보내기 때문에 직원들과 같은 목표를 가지고 단합된 힘을 발휘하려면 직원들 간 의사소통이 중요하고, 목표를 실천하고 달성해야 한다는 책임의식이 무엇보다 중요하다.
 나의 회사 생활 중 기억에 남는 몇 가지를 소개하고자 한다.
 첫째, 구로동에 위치한 〈종근당〉이 천안으로 이전하면서 우수 인력의 이직이 많아 연구소의 이전 필요성이 절실해졌다. 이에 약 2년간에 걸친 부지 조사와 장단점을 분석하여 세 지역으로 압축되었다. 최종적으로 지금의 동백지구로 결정되면서 연구소 인력들이 고마움을 표시했다고 전해들었다.
 둘째, 신규사업으로 시작한 방송사업인 〈케이블티비 충남방송〉의 허가를 따기 위해 팀을 구성하여 서산 당진지역으로 내려가 치열한 경쟁 결과 극적으로 사업권을 따냈던 일이다.
 셋째, 〈경보약품〉을 인수하면서 나라가 IMF 경제위기에 빠져들었다. 그 소용돌이 속에서 살아남고자 사채시장을 전전하던 회사를 임직원들이 일치단결하여 코스닥 상장에 성공시켰다.

넷째, 회사의 정체성을 탈피하고자 시작한 요양산업이 현재 두 개의 요양원을 성공적으로 운영하고 있다.

끝으로, 지배 구조를 개편하여 지주사 체제로 전환하면서 안정적으로 회사를 운영할 수 있게 되었다.

이러한 회사의 발전은 항상 임직원들이 낡은 생각에서 벗어나 새로운 경영 환경에 적응하려 노력하는 결과의 산물이며, 젊은 세대들과 함께 부단한 노력과 깨어 있는 자세로 일을 한 결과이다.

회사가 발전해야 나의 발전이 있고, 그래야 가족을 지키고 인생도 즐길 수 있는 것이다.

지나고 보니 좀 더 열심히 회사 발전을 위해 기여했으면 하는 후회스러운 마음도 있으나, 지금까지 기회를 주시고 지켜봐 주신 모든 분에게 감사하게 생각하며, 오늘의 행복도 회사가 성장함에 있다는 것을 생각하며 열심히 살아가고자 다짐을 해 본다.

요양원 이야기

가족을 위해 인생을 바치신 부모님들, 그러나 본인은 노후 준비가 되지 않아서 남은 인생을 힘겹게 살아갈 수밖에 없다. 맞벌이 세대인 자식들이 책임질 수도 없는 세상, 이러한 세대를 대비하여 앞으로 성장하는 사업이라 생각하여 회사에서 사업 계획을 준비하여 마침내 요양원을 시작했다.

  노후 세대들에게 가장 적합한 침대와 각종 설비가 설치되고 근무 요원을 모집하고 교육해서 배치하였다.

  요양원은 언론 보도와 입소문을 타면서 만실이 되어 그동안 고생한 직원들을 격려도 할 겸 저녁 식사 자리를 마련했다.

  간호사, 사회복지사, 직원들과 이런저런 이야기들을 나누어봤다.

  대부분 사회에서 잘 나가시던 분들이지만 세월의 덧없음이 너무 아쉬워하신다고 했다. 인생을 마감해야 하는 시점이 다가오는데 살아오면서 힘들게 했던 상대에게 용서를 못해 눈을 감지 못하겠다고 말씀하시는 분도 있다고 한다.

  힘들게 자식들을 잘 키워 놓았으나 외국에 살아서 얼굴도 볼 수 없어 지는 해를 바라보며 쓸쓸히 여생의 마지막을 기다리신다는 분도 있다는 말에 남의 일이 아닌 것 같아 눈시울이 뜨거워지기도 했다.

  그러나 가족 자랑에 시간이 가는 줄 모르고 환한 얼굴로 직원들을 칭찬해주며 배려해주시는 어르신도 많다고 한다. 직원들이 수고가 너무 많다고 늘 칭찬을 아끼지 않는데 이런 어르신을 통하여 존경과 품격이라는 것을 배우게 된다는 직원도 있었다.

  세월이 흘러 자신의 의지와 달리 요양원에 들어오지만 인생을 어떻게 살아오셨는지에 따라 마지막도 다르다.

  그것은 단지 가진 것이 많고 적음을 떠나 인생에서 무엇을 가장 중요하게 생각하며 살아왔는지 어떠한 인간관계로 살아왔는지가 중요하다.

  겨울을 준비해야 하는 어르신들을 보며 한세상 정신없이 힘들게 살아오신 훌륭하신 부모님들을 직원들 모두가 최선을 다해서 모실 것을 당부했다.

〈경보제약〉 일하고 싶은 중소기업에 선정되고 소감을 발표

〈경보제약〉 일하고 싶은 중소기업에 선정 기념촬영

〈경보제약〉 충남기업인 대상에 선정되고 임직원과 함께

〈경보제약〉 목표달성을 위한 지리산 극기훈련 임직원과 함께

종근당그룹 재무담당 임직원들과 북한산 단합대회

가족들과의 행복 이야기

맞선과 결혼

　대학을 졸업하고 취업을 하자 부모님은 결혼을 서두르셨다. 이곳저곳에서 맞선 제의가 들어 왔지만 딱히 눈에 들어오는 처자가 없었다.
　내 처지는 생각지 않고 쓸데없이 눈만 높았기 때문이다. 그러던 어느 날 지인이 참한 간호사를 소개해 주겠다고 연락이 왔다. 그래서 기대감 없이 만남의 장소로 나갔는데 삼척이 고향인 그녀는 미인형이라 첫인상은 마음에 들었다.
　그런데 몇 개월 사귀던 그녀는 무슨 일인지 만나주지 않았다. 나중에 중매쟁이에게 알아보니 내가 고향이 시골이고 8남매나 되는 대가족 집안이라서 결혼 상대로는 적합하지 않다는 이야기를 전해왔다. 당진이 시골이면 삼척은 대도시인가라는 반발

심이 일기도 했다.

 어영부영 일 년의 세월이 지나갔고, 부모님의 독촉에 마지막으로 삼척 아가씨에게 연락이나 한 번 해보리라 마음먹고 전화를 했는데 기다렸다는 듯이 그녀도 나를 만나주었다.

 그녀 역시 나와 헤어진 뒤 여러 사람을 만나 보았는데 마음에 드는 사람이 없었다고 했다. 나중에 확인을 해보니 우리가 만난 장소에 장모님께서도 나오셔서 멀리서 지켜보셨다고 했다.

 사람이 괜찮아 보인다는 장모님의 말씀에 삼척 아가씨는 나의 청혼을 받아 주었다.

 그리하여 얼마간의 만남과 연애를 하다가 양가 부모님을 모시고 상견례도 하고 결혼식을 올리게 되었다.

 어렵사리 시작된 우리의 결혼생활은 온갖 어려움이 기다리고 있었다.

힘이 들었던 신혼생활

 제일 어려웠던 것이 살림집을 장만하는 것이었다. 우리집이나 처가댁이나 어렵기는 매일반이어서 전셋집 구하라고 선뜻 목돈을 내줄 형편이 못되었다.
 돈을 긁어모을 대로 긁어모아 겨우 어느 아파트 중간방 하나를 세 얻어 신혼생활은 시작되었다.
 첫아들을 출산하고 집주인과 함께 사는 아파트 신혼생활은 그야말로 숨이 막힐 것 같은 삶이었다. 그 시절의 신혼살림이라는 것이 열에 여덟아홉은 반지하 단칸방이거나, 나처럼 아파트 방 하나 얻어 주인집과 공동생활을 하는 것이었지만 아이까지 딸리다 보니 주인집 눈치 보는 일이 여간 힘든 것이 아니었다.
 그래서 아파트 공동생활보다 독립적인 반지하 셋방이 낫겠다는 생각으로 이사를 했다.
 힘들게 맞벌이하며 신혼생활 하는 우리들의 형편을 알아보시고 삼척에 사시던 장모님께서 아이를 돌봐주시겠다고 올라오셨다.
 장모님은 단칸방에 딸린 다락방에서 주무셨는데 겨울철 엄동설한에 다락방은 얼음이 얼 정도였지만 어렵게 맞벌이하는 우리 부부를 위해 장모님께서는 추위에 떨며 다락방에서 새우잠으로 지새우셨다.

그 당시 우리 부부의 꿈은 지하에서 지상으로 올라가는 것이었다. 반지하 생활하던 어느 날 온 가족이 연탄가스에 중독되어 장모님은 응급실로 실려 가셨지만 다행히 생명에는 지장이 없었다. 더 큰 불행 없이 우리 가족의 고난의 세월은 흘러 지나갔다.

우리 부부의 맞벌이 생활은 지속되었고, 더이상 버티기 어려운 나는 어느 날 큰 형님에게 지하방 탈출을 위한 전세 자금을 요청하였다.

형편이 어렵기는 형님도 마찬가지였으나 동생을 사랑하는 형님은 선뜻 큰돈을 빌려주셨다. 형님께서 빌려주신 돈과 우리 부부가 알뜰히 저축한 돈으로 드디어 지하에서 지상으로 이사할 수 있게 되었다.

지하방을 탈출해서 지상으로 올라오던 날, 햇빛이 창으로 가득 들어오는 지상의 방 안에서 우리 부부는 세상 부러울 것이 없는 행복을 마음껏 누렸다.

남원 여행 중 행복했던 시간

장모님과 함께 했던 세월

장모님께서는 김해 김씨로 강릉 최씨이신 장인어른을 만나 결혼하셨다.

장인어른께서 슬하에 2남 4녀, 모두 6남매를 두시고 마흔둘에 돌아가셔서 장모님은 마흔하나에 홀로 되셨다. 험한 세상 풍파를 헤쳐 가며 자녀들을 잘 키워낸 분이시다.

아내가 초등학교 6학년 때 장모님이 홀로 되셨다고 하니 그때부터 장모님은 앞이 보이지 않는 칠흑 같은 인생길이었을 것이다. 주어진 삶에 굴복하지 않고 자식을 위해서라면 어떠한 일도 이겨내셨다.

평소 과묵하셔서 말씀이 없으시지만 늘 인자한 얼굴로 웃으시며 우리 부부를 응원해 주셨고 열심히 살아가는 우리 부부를 지켜보시면서 입가에 웃음을 잃지 않으셨다.

우리 큰아들이 자라고 둘째아들을 갖게 되면서 아내가 직장을 그만두었다.

마침 처제가 결혼하여 자녀를 낳자 쌍문동으로 가셨는데 그곳 개척교회인 열방교회 목사님을 만나 하나님을 열심히 섬기셨다. 목사님은 또 한 분의 어머니와 같다고 기도를 해주셨다.

장모님께서는 늘 주말을 기다리시며 자녀들을 위해 기도를 하시고 가족과 주변을 돌보며 살아가셨다. 교회 권사님으로서 직분을 다하신 장모님은 하나님의 사랑을 몸소 실천하신 훌륭한 분이셨다.

아내, 처제, 장모님, 나

큰아들이 태어나다

 개봉동에 있는 남의 아파트 단칸방 하나를 세 얻어 살던 우리 부부에게 아이가 태어났다.
 손자가 태어났다는 소식에 부모님은 뛸 듯이 기뻐하셨다. 아이를 키우면서 당시 나의 가난한 경제 환경 때문에 갖고 싶은 것 사주지 못해 미안한 마음이 있었다.
 그러나 월급날이 되면 다른 것은 몰라도 책방에 들러서 책을 몇 권씩은 꼭 사다 주었다. 아들은 책을 모두 보고서야 밥을 먹던 습관이 있어서 자라면서 지식이 꽤 많은 아이로 성장했다. 늘 호기심이 많아 새로운 것에 대한 도전과 관심이 많았다
 또한 88올림픽 때는 영어로 'HAND IN HAND(손에 손잡고)' 노래도 불러서 주위 사람들을 놀라게 했고, 무엇보다도 올림픽 구경하러 올라오신 할아버지 앞에서 그 노래를 불러드리자 제일 좋아하셨다.
 커가면서 주말이면 가능한 한 아들과 함께 자연과 함께하는 시간을 늘려나갔고, 휴가 기간에는 전국 유적지를 찾아다니며 텐트를 치고 함께 야영 생활도 즐겼다.
 요즘은 어릴 때부터 학원에 의과대학 반이 생겨서 학부모들을 유혹하고, 아이들이 스트레스를 심하게 받고 기본적인 인성교육이 되지 않아서 가정적으로나 사회적으로나 개인적으로나 여

러 가지 문제를 일으키고 있다.

어린 시기에는 공부보다 사회성과 인성교육 양성이 무엇보다 중요하다. 자연과 함께하면서 세상의 아름다움을 보여주고 바른 인성교육을 통하여 이 세상을 함께 살아가며 배려와 사랑과 봉사라는 단어를 먼저 가르쳐야 한다.

성공적인 삶은 돈이 우선이 아니라 사회에 필요한 사람이 되는 것이며, 그렇게 되기까지 지켜보면서 관심사를 함께 토의하는 부모의 자세가 중요하다.

연세대학교를 졸업한 큰아들이 열심히 세상을 살아가며 성공적인 인생이 되기를 기원한다.

둘째가 태어나던 날

힘들게 셋방살이를 하던 우리 부부가 큰아들이 다섯 살이 넘어가자 아버지께서는 고향에 내려갈 때마다 아이 하나만 키우려 한다고 꾸지람을 하셨다.

아버지께서는 8남매를 낳아 할머니까지 모시고 살았는데 대학까지 나와 애 하나 키우기가 그렇게 힘드냐는 것이었다.

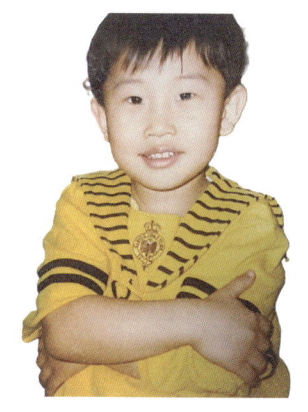
서울 생활의 어려움을 이해하지 못하시는 것이 속상했지만 실천하기로 하고 아내는 직장을 그만두고 더 낳기로 했다.

둘째아들을 임신하면서 아내는 매우 힘들어 했고, 전세를 면치 못해 여기저기 옮겨다니던 시절 수원 화서동에 보금자리를 튼 후 드디어 힘찬 울음소리와 함께 둘째가 세상에 태어났다.

둘째아들이 태어났다는 소식에 아버지는 동네 어르신들과 함께 기쁨을 나누었으며 유교 정신이 엄격하신 아버지가 손수 손주를 업고 당미 방앗간 가게에 가서 과자를 사주시곤 하셨다.

둘째는 병치레도 하지 않고 먹는 것도 잘 먹어서 튼튼하게 자랐으며 특히 축구와 농구 등 운동을 좋아했다. 친구들과 잘 어울리며 자라나 미래 가족의 기대를 듬뿍 받고 자랐다.

그런 아들이 고려대학교 대학원에서 조교 생활을 하면서 힘들어 했는데 몸에 변화가 생기면서 학업을 중단해야 했다. 몸의 회복이 우선이라 지금은 학업을 중단하고 몸이 회복되는 일에 집중하고 있는데 빨리 옛 모습을 되찾아 건강한 삶을 살아가기를 매일 기도하고 있다.

처음으로 내 집에 이사 가던 날

그렇게 생활공간을 조금씩 늘려나가면서 우리는 수원 화서동에 보금자리를 마련했다.

둘째가 태어나면서 아내는 직장을 그만두고 가사와 자녀 돌보는 일에 전념하였다.

88올림픽을 거치며 나라의 위상도 높아지고 수출도 급격하게 늘어나면서 나라의 경제가 좋아졌다.

내 집 장만에 수요도 급격하게 늘어나면서 오르는 집값을 잡기 위해 정부는 신도시 대책을 내놓았다. 수십 대 일의 경쟁 속에서 몇 번 탈락 끝에 분당신도시 아파트에 당첨되었다.

이사 열 번 만에 내 집 마련의 꿈이 실현되면서 중도금과 잔금 낼 일이 걱정되었지만 다행히 형제자매들의 도움과 잔금 대출로 해결할 수 있었다.

그렇게 가족들의 도움으로 드디어 내 집으로 이사 가던 날, 직장 동료와 가족들과 친구들을 초청하여 며칠 동안 집들이로 기쁨을 함께 나누었는데 지금 생각하면 내 인생의 가장 행복했던 날은 처음 아파트를 장만하여 내 집으로 이사하던 그때였던 것 같다.

가족과 행복했던 시간들

 분당에 내 아파트를 장만한 우리 가족은 하루하루 꿈만 같았던 시간을 보냈다.

 주말이면 자전거를 타고 아들과 함께 야탑동에서 멀리 중앙공원까지 돌아올 때면 유치원에 다니던 막내는 힘들다고 했지만 지구력과 체력을 길러주기 위해 멀리까지 운동을 했다.

 겨울철이면 꽁꽁 언 탄천에서 썰매를 지치고 연을 날렸고, 여름철 장마가 지나면 한강에서 올라온 고기를 잡느라 시간 가는 줄 모르게 행복한 시간을 보냈다.

 또 율동공원 개울가에서 가재를 잡고 가을이 되면 주변 산에 올라 밤을 줍고 봉급날에는 주변 맛집 식당을 찾아 외식하던, 가족과 함께한 분당에서의 생활은 행복한 시간이었다.

 그렇게 분당에서의 행복했던 시간이 흐르고 자녀들이 성장하면서 진학에 대한 문제를 놓고 고민하던 중 직장과의 거리와 자녀들의 진학을 위해 서울로 옮기기로 하고 노원구로 이사를 하게 되었다.

분당 탄천공원에서 두 아들

강릉 앞바다에서 가족과 함께

두 아들을 키우던 행복한 시간

아들 결혼과 며느리

혼기가 있는 자식을 둔 부모 마음은 누구나 똑같아서 근무하는 직장이나 함께하는 친구들 자녀에 관심이 많다. 며느리를 얻게 된 자초지종을 소개하면 다음과 같다.

평소 친구들 가정에 관심이 많았던 나는 한 친구의 아들 결혼식장에서 동창 여럿이 식사를 함께하게 되었는데 서로에게 자식들이 결혼 상대나 애인이 있는지 물었더니 서로 이구동성으로 없다는 대답이 돌아왔다.

그 가운데 한 친구와 자식 이야기를 깊이 나누게 되었다. 아이들이 어린 시절 제주도에 함께 여행 갔던 일들을 상기시키면서 서로 연락처를 알려 주기로 하고 전화번호를 교환했다.

그렇게 시작된 아이들의 만남은 의외로 효과가 커서 우리 아들과 친구의 딸은 하루가 다르게 가까워져 갔다.

사돈이 된 친구댁은 대학 시절 모내기도 하며 함께 지냈는데 부모님이 잘 해주셨고 4형제들의 우애가 좋은 훌륭한 집안이었다.

특히 친구의 어머니께서는 백수가 되도록 건강하셔서 장수 집안이기도 했다. 가정이 화목하고 장수 집안이란 것이 마음에 들어 둘만 좋아한다면 결혼을 시키기로 마음먹었다.

그렇게 시작된 양가의 혼사는 막힘없이 진행되었으며 결혼 후 며느리는 퇴근 후 매일 시댁에 들러서 저녁을 함께하니 자연스럽게 시댁 식구들과 가까워지며 허물없이 지내고 있다.

그리고 시아버지인 나를 어려워하지 않고 가까이하려는 모습이 대견하고 예뻐서 딸과 같은 느낌이며 배려와 가족 사랑이 몸에 배어 있어 고마울 뿐이다.

그런 며느리가 예쁜 손녀딸을 낳아 안겨주니 기쁨이 더할 수 없다. 단 한 가지 나의 바람이 있다면 나의 아버지께서 그러셨던 것처럼 국가 최대 관심사인 '하나 더 낳기'에 동참하여 손녀든 손자든 하나만 더 낳아준다면 바랄 것이 없겠다.

천사가 태어나다

아들이 결혼하고 3년 세월이 흘렀지만 기다리던 손주 소식이 없어 걱정했었는데 드디어 며느리가 임신했다는 반가운 소식이 전해졌다.

기다리던 수 많은 날이 지나가고 예쁜 손녀가 힘차게 세상 빛을 보게 되던 날 우리 가정에 웃음꽃이 가득한 기쁨을 안겨다 주었다.

엉금엉금 기어 다니던 시간이 지나 손과 무릎으로 기어 다니고

주변의 모든 것을 붙잡고 넘어지면서 포기하지 않고 일어서려는 모습을 바라보고 있노라면 온 가족에게 웃음을 선사하는 손녀의 모습은 기쁨과 신비 그 자체였다.

힘든 하루 일을 마치고 현관문을 열고 들어서면 두 손을 내밀어 함박꽃처럼 활짝 웃음을 선사하는 천사를 안고 손녀 모습을 바라보노라면 하루의 피곤함이 풀렸다.

이런 천사를 선물해 주신 하나님과 며느리에게 감사할 따름이다.

세월은 유수와 같이 빠르게 흘러갈 것이고 우리가 모두가 그

리했던 것처럼 가족과 세상을 사랑하면서 손녀는 더 좋은 세상을 만들며 열심히 갈 것이다.

그러한 손녀의 앞날을 위해 매일매일 두 손 모아 기도한다.

설날 한복을 입은 우리의 천사
꾸벅 세배를 하는 손주 (이레 시진)

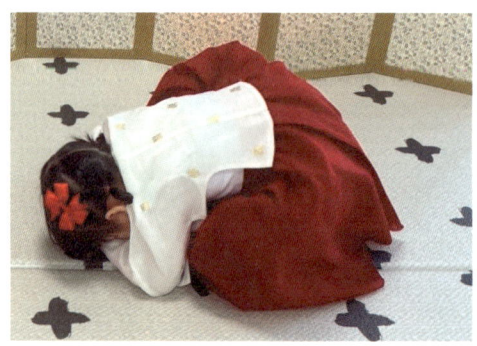

가족과 함께한 추석 여행

　추석 명절을 맞이하면 고향에 가서 제사 지내고 성묘도 하고 집안 어른들과 동네 어르신들을 만나 인사드리는 것이 우리의 한국 정서이다.

　그러나 2022년 추석에는 추석 전에 벌초하면서 고향 집안 어르신들과 부모님 산소에 인사드리고 와서 추석 연휴를 이용하여 아들 내외와 돌이 갓 지난 손녀를 데리고 한려수도의 남해와 여수, 그리고 거제도를 들러보기로 하였다.

　떠나기 전에 갓 돌을 넘긴 손녀가 장거리 여행에 잘 견뎌낼지 걱정이 많았다. 몇 달 전부터 준비하고 가족이 원하던 여행이라 기대에 부풀었다.

　아들은 밤을 새워가며 여행지 숙소를 예약하고 관광 코스를 물색하느라 여러 날을 보냈다.

　출발하는 날 새벽부터 다섯 식구가 바쁘게 움직였고, 차 두 대의 트렁크에는 짐이 가득 실렸다. 손녀도 여행에 마음이 들떴는지 일찍 일어나 재롱을 부리며 안아달라고 떼를 썼다.

남쪽 바다 가족 여행

 첫 도착지인 남해항의 맛집에서 점심을 먹고 상주의 은모래 해수욕장 팬션에 도착하여 짐을 풀었다.
 바닷가에 위치한 다랭이논 마을을 관광하였는데 비탈진 언덕을 개간하여 논을 만들고 생활 터전을 이루며 살아가는 모습이 흡사 내 부모님 세대의 모습을 보는 것 같았다.
 돌아오는 길에 마주한 석양의 아름다움에 감탄사를 연발하였다.
 다음날은 금산 보리암에 올라 해돋이를 보기로 했는데 늦게 가면 걸어서 올라가는 거리가 너무 멀어서 금산 꼭대기 주차장이 만차로 문을 닫기 전에 일찍 일어나 주차장에 도착해야 한다고 했다.
 우리 가족은 꼭두새벽 손녀를 데리고 보리암으로 향했다. 이른 새벽 공기가 아직 차가운데 아들 등에 업힌 손녀딸은 보채지 않고 웃으며 함께하는 것이 고맙기도 하고 기특하기만 했다.
 산길을 한참을 지나 도착한 보리암에는 새벽부터 도착한 사람들이 가족의 건강을 빌며 기도를 올리고 있었다. 우리 가족도 떠오르는 아침 해를 바라보며 가족들의 건강을 빌었다.

여수에서 저녁을 먹은 후 여수 밤바다로 유명한 공원을 찾았다. 불빛에 반사된 거북선과 아름다운 돌산대교 모습은 영원히 가슴속에 남아 있을 듯하고, 공원에 올라 바라보는 야경은 정말 꿈과 같은 아름다운 풍경이었다.

 다음날 일정을 바꿔 거제도로 향했고, 거제 장승포에서 외도로 관광하기 위해 유람선에 올랐다.

 내 팔에 안긴 손녀는 처음 타보는 배에 올라 신이 났다. 드디어 도착한 외도 보타니아 식물원은 한 사람이 평생 심혈을 쏟아낸 작품이라는 설명에 우리 가족들은 감탄사를 연발할 수밖에 없었다.

 다음날 우리는 맛의 고장 순천으로 향했다.

 점심으로 대밭 가운에 자리한 〈대숲골농원〉은 그곳에서만 맛볼 수 있는 음식으로 유명한 맛집이었다. 주변에 자리잡은 〈순천국가공원〉은 편안하게 우리를 맞이해 주어서 3박 4일 동안의 추석 여행을 무사히 마칠 수 있었다.

 추석 연휴 여행 일정을 준비해 준 가족들에게, 그리고 여행 기간 내내 보채지 않고 기쁨을 안겨 준 손녀에게, 그리고 가족들의 배려와 사랑을 느끼게 해 준 모든 가족에게 멋진 추억을 안겨준 고마움을 전하고 싶다.

부산에서의 추석 연휴

2023년 여름, 바다를 다녀오지 못한 서운함이 있었는데 가족들과 모처럼 긴 연휴가 주어진 추석에 바쁜 일상을 떠나 기차를 타고 부산으로 떠났다.

미리 기차표를 예매하여 수많은 귀성객 틈에 섞여 추석 연휴 기분에 한껏 들떠서 손녀의 손을 잡고 부산을 향해 서울역을 출발했다.

차창 밖으로 펼쳐지는 아름다운 가을 풍경이 파노라마처럼 펼쳐졌다.

무더웠던 여름을 이기고 탐스럽게 익어가는 능금과, 뭉게구름 아래 들판에 펼쳐지는 논밭에 알알이 익어가는 곡식들과, 부지런히 일하는 농부의 바쁜 걸음걸이를 본다는 것도 좋았다.

아침 일찍 해수욕장에서 떠오르는 태양과도 마주했다. 높은 하늘과 끝도 없는 지평선 위로 날아다니는 갈매기의 날갯짓, 이 모든 것이 내 가슴으로 들어와 추억을 만들어주었다.

파도가 밀려오는 저 수평선 너머, 그 수평선 너머엔 꿈과 아름다움이 가득 차 있을 것만 같았다.

그것을 동경하고 꿈을 꾸는 자에게는 늘 희망이 있었다.

서해안의 만리포해수욕장이나 대천해수욕장,그리고 경포대해수욕장이나 무창포에서 수평선을 수없이 보아왔다.

그러나 지금 내 눈앞에 펼쳐져 있는 부산 해운대해수욕장 수평선은 새로운 모습으로 내 앞에 펼쳐져 있었다. 그 모습을 보며 그동안의 삶이 얼마나 무료한 것이었는지를 반성하며 다시 한번 의미 있는 삶으로 채워나갈 것을 다짐해 보았다.

보타니아 식물원에서 가족들과 함께

일본여행에서 (오사카성-아래)가족들과 함께

남해 다랭이 마을에서 가족들과 함께

아들 생일날 중국집에서 가족들과 함께

재직40주년기념 회사를 방문한 가족

두 아들을 지켜보며

내 인생에서 가장 행복했던 시간은 두 아들을 키우며 보낸 시간이었다.

집을 장만하기 전에는 경제적으로 여유가 없어 두 아들이 갖고 싶어한 것, 하고 싶어하는 것을 해주지 못한 아쉬움도 있다.

그러나 나름대로 최선을 다했고 성인이 된 후에는 자신들이 가고자 하는 방향대로, 그리고 본인이 가지고 있는 재능대로 살아가도록 했고 그렇게 하는 것이 그들의 인생을 잘 살아가는 것이라고 생각했다.

인생은 길지 않은 시간이기 때문에 두 아들이 열심히 그들의 꿈을 가지고 특별한 인생을 살아가길 기도하고 있다.

인생은 50살이 되기 전까지는 그의 인생을 평가하지 말라는 김형석 교수님의 말씀대로 늘 곁에서 지켜보며 건강한 신체를 유지하며 감사하는 마음을 가지고 살아가길 기원해 본다.

결국 두 아들이 자기에게 주어진 인생을 행복하게 살아가려면 항상 높은 꿈을 가지고 그 꿈을 이루기 위해서는 하고 싶은 것을 할 수 있는 경제적 제약을 받지 않아야 한다.

그러기 위해서는 항상 거시적인 경제 지식과 돈의 흐름을 공부해야만 한다.

두 아들이 자신만의 성공적인 삶을 살기 위해서 경제 분야에 관심을 갖고 열심히 성실히 살아가기를 기도해 본다.

설악산 가족들과 함께

갑진년 설을 보내며

2024년 갑진년 새해가 밝았다.

어제는 설음식 준비로 가족과 함께 각종 전을 부치고 갖가지 음식을 만드니 집 안 가득 기름 냄새로 가득한 하루이었다.

식혜, 인절미, 시루떡과, 며느리가 좋아하는 한과는 가까이 있는 재래시장에 가서 모두 사 가지고 왔다.

가까이 살고 있는 아들 내외가 찾아오고 한복을 예쁘게 차려 입은 네 살 된 손녀에게 세배를 받으니 집안에 웃음꽃이 만발하였다.

밤하늘에 반짝이는 별빛이 곱다 한들 손녀보다 더할까. 핏줄의 향기를 나누는 기쁨이 가득한 설 명절 아침이다.

지금은 기억 속으로 멀리 떠나버린 명절의 그리운 고향 추억과, 함께했던 부모님을 생각하며 향수에 젖어본다.

갑진년 새해 아침!

나와 인연을 맺은 모든 분들이 마음에 두고 있는 모든 소망을 모두 이루시고 가정에 건강과 행복이 가득하시길 기원해 본다.

가족들과 소소한 행복

오랜만에 주말에 아내와 함께 시장을 봐서 아들 내외와 손주와 함께 맛있는 음식을 해 먹으며 주말을 행복하게 집 안에서 보냈다.

잠시 왔다 가는 허무한 인생이지만 하루하루를 최선을 다하며 앞으로는 자주 가족들과 행복하게 살아보자고 다짐을 해 본다.

인생이란 바람처럼 그렇게 잠시 왔다가 지나간다고 해도 사는 날까지 즐겁고 열심히 살아가 보자.

나이가 들어감에 따라 몸에서 한두 군데씩 삐그덕거리는 소리가 나기 시작하지만 사는 동안 만큼은 크게 아픈 데 없이 살았으면 좋겠다.

그것은 가족은 물론 내가 알고 지내는 모든 이들이 '건강하게 살았으면 좋겠다'는 기도 제목이기도 하다.

밤새 소리 없이 내려서 세상을 하얗게 덮어주는 눈처럼 조용히 찾아오는 소소한 일상 속에서 행복을 느끼며 남은 삶을 살아갔으면 좋겠다.

도심에서 느끼는 작은 행복

 이른 아침 공원에서 지저귀는 각종 새소리와, 물보라 일으키며 한강을 가로지르는 보트와, 라이딩하며 마주치는 강변의 이슬 맺힌 예쁜 꽃들과, 비가 그친 후 달맞이공원에서 바라보는 햇빛에 반짝이는 한강의 모습은 도심 속에서 느낄 수 있는 작은 행복이다.
 경쟁을 뚫고 당첨된 3평짜리 도심 텃밭에서는 지독한 봄 가뭄과 여름의 폭우를 이겨내고 방울토마토와 고추와 상추가 무럭무럭 자라고 있다.
 한강 변을 따라 운동하는 사람들을 마주치는 것도, 출근길에 마주하는 낯선 외국 여성의 미소도, 도심 속 한강 변에서 느낄 수 있는 작은 기쁨이다.
 천만 인구가 북적거리며 살아가는 서울에서 오랜 세월 동안 치열하게 경쟁하며 살아온 것이 이제는 어느 정도 몸에 배어 가지만 내 고향 당진 고대면 진관리 새터마을에서 살아왔던 더 느리고 느긋하며 호젓하게 사는 것이 오히려 더 건강하고 즐거움인 것을 세월이 지난 후에야 알았다.
 뒷동산 달맞이공원에 심어놓은 감나무, 대추나무, 살구나무,

그리고 앵두나무가 봄이 되면 꽃을 피우고 열매를 맺고 단풍이 들어가는 모습도 도심 생활에서 느낄 수 있는 작은 즐거움이다.

 북적거리는 도로로 자가용 타고 출퇴근하는 것을 마다하고 아침저녁으로 지하철에서 마주하는 사람들 모습에서, 청계천을 따라 힘차게 올라오는 물고기 떼에서, 어디에서 날아왔는지 모를 각종 철새들의 모습에서 도시 삶의 즐거움과 기쁨을 느끼며 살아가고 싶다.

 물질 만능의 세상에서 더 많이 소유하고 사치하는 것이 행복한 것이라고 착각하며 살아가고 있지만 진정한 행복은 비움과 단순한 삶에 있다는 것을 느끼며 오늘도 감사한 마음으로 살아가고 있다.

남쪽 여행 중 여수밤바다 야경

아침 출근길

　회사에서 제공되는 차를 마다하고 나라에서 제공해 주는 공짜 전철을 타고 출퇴근을 한다.
　지하철에서 마주하는 많은 사람과 만나면서 생생한 삶을 느끼고, 부족한 운동량을 보충하여 건강한 삶을 유지하기 위함이다.
　매일 분주한 출근길, 다양한 모습의 얼굴들을 맞이한다. 바쁜 얼굴들에는 희망찬 눈망울들이 가득하다.
　오늘은 어떤 일들이 기다리고 있을지 모두 머릿속이 복잡한 듯하다. 직장에 첫 출근하는 여직원은 설렘과 두려움으로 가득할 테고, 가장이 된 아버지는 책임감으로 가득할 것이고, 직장에 나가는 워킹맘의 머릿속엔 아이들 생각으로 가득할 것이고, 여행하는 외국인 눈에는 대한민국 서울이 신기하게 다가올 것이다.
　그렇게 제각각 세상을 맞이하는 사람들을 바라보면서 결혼 자금에 보탤 적금통장이 늘어가는 재미에, 늘어가는 가족들의 보금자리로 이사하기 위해, 처음으로 가족과 약속한 해외여행 계획을 위해, 그렇게 희망을 품고 사람들은 출근길에 오른다.
　주어진 삶에 최선을 다하는 그들의 모습 앞에서 삶의 진정한 의미는 무엇인가를 다시 생각해 본다. 매일 반복되는 삶이지만 언제나 똑같은 하루가 아니다.

　오늘도 모두 의미 있고 보람된 하루가 되기를 오늘도 지하철 안에서 빌어본다.

달맞이공원에서 바라본 서울 동호대교 전경

눈 내린 아침 출근길

밤새 온 세상이 하얀 눈으로 뒤덮였다.

혼탁한 온 세상을 정화시켜 주려는 듯 그렇게 하늘에서 백색 선물이 쏟아졌다.

덕수궁 돌담길을 따라 출근하는 길에 앙상한 나뭇가지에 하얗게 핀 눈꽃송이가 스치는 작은 바람에 떨어져 목덜미를 움츠러들게 한다.

덕수궁을 지나 정동길에 들어섰는데 오늘따라 눈 덮인 정동교회가 유난히 아름답다. 암울했던 식민지 시대에 파란 눈의 선교사 아펜젤러가 배재학당, 이화학당, 정동교회를 세우고 세상에 진리를 전파하는 데 평생을 바쳤다.

그분의 희생과 봉사가 이승만, 서재필, 유관순 열사와 같은 훌륭한 인재를 배출했고, 삼일운동으로 이어져 이 나라 광복을 맞이하게 했다.

지금은 자유와 번영을 누리며 행복한 생활을 하지만 과거 역사 속에 남아 있는 훌륭한 분들을 생각나게 하는 아침 출근길이다.

해외에서 여름 휴가

 코로나로 여행을 마음대로 하지 못하는 것이 아쉽지만 여름은 휴가를 얻은 많은 이들이 여행을 떠나는 계절이다. 이렇게 고온다습한 날이 계속되면 반복되는 일상 업무를 벗어나 잠시 어디론지 훌훌 떠나고 싶은 여름 휴가철이다.
 먹고 사는 일에 매몰된 삶에서 벗어나 더 행복해지기 위해서, 자신에 대한 무지에서 해방되기 위해서 이국의 풍물 속에서 기분전환의 기쁨을 누리기 위해서 휴가를 떠난다. 여행을 떠나봐야 인생이 소중하고 아름답다는 사실을 실감하게 된다.
 어느 여름철 그렇게 설렘을 가득 안고 해외여행을 떠났다. 하늘이 환상적으로 아름다운 티베트에서 맞이하는 즐거움. 그리고 종교가 삶의 전부인 포탈라궁에서 만난 스님들. 우리는 그곳에서 불편하고 가난한 삶을 살아가지만 그들이 느끼는 행복이란 어떤 것인지를 배울 수 있었다.
 그리고 히말라야를 넘어 네팔로 향했다. 아름다운 페와호수에서의 보트 여행과, 히말라야 일출을 보기 위해 사랑곶 전망대에서 맞이하는 일출, 여름철 설산에서 펼쳐지는 장관은 잊지 못할 추억으로 남아 있다

그리고 히말라야 설산이 보이는 폴바리 호텔에서의 행복했던 하루 저녁.

폭포 주변에서 울려 퍼지는 개구리 합창 소리는 여행의 피곤함을 잊은 채 밤잠을 설치게 하는 데 충분했다.

여행은 지루한 일상생활을 벗어나 보지 못하고 경험하지 못한 이방인이 되는 것이다. 예기치 못한 사건과 부딪치고 어려움을 겪어 봐야 날마다 누리고 있는 일상의 안락함이 얼마나 가치 있는지 깨닫게 된다.

포탈라궁 앞에서 아내와 함께

티벳에서 임원 가족과 함께

포탈라궁 앞에서 임원들과 함께

티벳에서 멀리 설산을 배경으로

새로운 봄을 맞이하며

　어제는 한 해의 풍년을 예고하듯 하루 종일 봄비가 대지를 촉촉하게 적시어 주었다. 비를 머금은 대지는 농부의 손길을 기다리고 바빠질 것이다.

　황사 먼지가 뒤덮였던 하늘도 말끔하게 씻어준 봄비가 내 마음을 상쾌하게 하고 멀리 보이는 관악산 자락이 손에 잡힐 듯 너무 가깝게만 느껴진다. 늘 이런 깨끗한 하늘만 있었으면 좋겠다.

　집 앞 달맞이공원에 오르니 살랑살랑 봄바람이 불어오고 짝을 찾는 아름다운 새소리가 너무 아름답다. 도심에서 이런 자연을 느낄 수 있음에 감사하며 살아간다.

　오늘과 같은 휴식이 있는 하루가 있음에 감사하며 오늘도 살아 있음에 감사하며 살아간다.

　사랑하는 만큼 이 세상은 아름다워지며, 가슴을 여는 만큼 마음은 풍족해지고, 참는 만큼 인생은 성숙해 간다고 했다.

　오늘 하루도 사랑을 나누며 살아가는 하루가 되었으면 좋겠다.

오월의 어느 날

신록의 오월이 가고 녹음(綠陰) 짙은 유월을 맞는다.

한 해 시작이 엊그제 같은데 벌써 절반이 지나가고 있다. 세월이 참 빠르다.

이 시간, 나의 인생 그리고 나의 존재에 대하여 다시 생각해 본다.

이제 남은 나의 인생 소망은 하루하루를 가능한 한 단순하게 살아가자고 마음먹어 본다. 아직 직장 생활을 하고 있어 쉽지는 않겠지만 가능한 한 그렇게 평범하게 생활하려고 노력하려고 한다.

그저 내 마음 중심에서 나오는 느낌과 의지대로 모든 것 내려놓고 자연스럽게 편하게 그렇게 살아가고 싶다. 누구도 나의 삶을 대신해서 살아줄 수 없기 때문에 나답게 살고 싶다.

주변의 꽃처럼, 아름다운 좋은 음악처럼, 좋은 인연들과 어우러지는 행복한 여행길이길 소망해 본다. 그렇게 내 주변에 마음을 터놓고 대화할 수 있는 가까운 친구들과 가족과 이웃이 있어 행복한 일이다.

분양받은 텃밭에는 각종 상추며 방울토마토가 잘 자라고 있고, 달맞이공원 한 모퉁이에 심어놓은 살구나무에도 열매가 익어가고 있다.

가능한 자연과 함께하는 삶이 축복이고 행복이다.

비 오는 날의 아침

아침 일찍 천둥소리와 함께 후두둑 후두둑 빗소리가 거실 창에 부딪는다.

우산을 받쳐 들고 뒷동산에 오르다 보니 손녀 탄생 기념으로 심어 놓은 앵두나무에 빠알간 앵두가 주저리주저리 열려 있고 살구나무와 감나무에도 열매가 익어가고 있다.

손을 내밀어 앵두를 몇 개 따서 입속에 넣으니 새콤달콤한 향기가 온몸에 퍼지면서 이른 휴일 아침 기분을 상쾌하게 한다.

내리는 비를 맞으며 오솔길을 오르니 비를 맞은 초록색들의 풀과 나무에서는 향긋한 풀냄새와 땅에서 오르는 흙냄새가 코를 자극하며 휴일 아침을 싱그럽게 한다.

비를 맞으며 달맞이공원에서 바라보는 한강의 모습이 평소의 모습보다 더 아름답고 운치가 있어 보인다.

휴일 아침 우리 가족과 친구들과 모든 분의 건강과 행복을 빌어본다.

유월을 보내며

덥고 후덥지근하던 날씨가 어젯밤에는 비가 세차게 뿌려주었다.

오늘 아침 시원한 바람에 달맞이공원에서 내려다보이는 서울 풍경은 한 폭의 수채화처럼 아름답기 그지없다.

흐르는 세월 속에 요즈음 최대 관심사는 건강한 삶이다. 행복은 육체적이고 정신적 건강이라는 나무에서 피어나는 꽃과 같다.

나무가 튼튼해야 꽃도 아름답게 피고 열매도 풍성하게 매달 수 있다. 육체적 건강을 유지하기 위해서는 적절한 음식과 운동이 중요하고 겸허한 자세로 서로 존중하고 배려하면서 감사한 마음으로 살아가야 한다.

그런 행복의 기본은 대인관계에서 시작되는데 복잡한 인생살이에서 좋은 사람을 만나서 즐겁고 행복한 대화를 나누며 아름다운 관계를 유지해 나가는 것이 건강한 삶과 행복의 지름길이며, 적절한 운동으로 신체적 건강을 유지해야 한다.

그래야 남은 삶을 행복하게 살아갈 수 있을 것이다.

무더운 휴일을 보내며

 무더위가 잠을 설치게 하는 요즈음 아침 일찍 자전거를 타고 한강을 한 바퀴 돌고 와서 샤워 후 아침을 먹고 낮잠을 자고 일어나니 기분이 상쾌하다.
 잘 익은 옥수수 한 개와 찐 감자 두 개로 점심을 때우고 책 한 권을 들고 달맞이공원에 올랐다.
 맑고 푸른 하늘 아래 뭉게구름이 떠 있고, 며칠 전만 해도 장맛비로 무섭게 흘러내리던 한강은 잔잔해진 물결 위로 윈드서핑을 즐기는 젊은이들이 물결을 힘차게 가르며 신나게 즐기고 있다.
 한낮의 햇볕은 강하게 내리쬐지만 한강에서 불어오는 강바람이 땀을 식혀준다. 지금쯤 내 고향 논과 밭에는 여름 강한 햇볕을 받으며 곡식들이 튼실하게 열매를 맺고 있을 것이다.
 시민들이 삼복더위를 피해서 산으로 바다로 떠난 도심은 여유롭게 차들이 지나가고 벤치에 앉아 책 한 장 한 장 읽어 내려가면 진주 같은 글귀 한 줄 한 줄이 파란 하늘만큼 내 마음을 정화시켜 주며 행복감에 젖어 들게 한다.
 행복을 붙잡으려 하지 말고 걱정거리를 모두 내려놓고 가족이 모두 건강하고 하고 싶은 일에 몰두하며 삶을 긍정적으로 바라보며 감사한 삶을 살아가자!
 그것이 삶에 진정한 축복이며 행복임을 잊지 말자!

여름의 끝자락에서

 입추와 처서가 지나고 조석으로 선선한 바람이 불지만 한낮의 더위는 아직 수그러들지 않고 있다.
 한결 높아진 하늘과 하얀 뭉게구름은 어린 시절 뒷동산에 올라 황소를 몰고 다니던 생각에 잠기게 한다. 시골에서 자란 나는 늘 여름을 좋아했다.
 가까운 바다로 나가 썰게(쏙)을 잡아 사닥질(사각그물로 물고기 잡는 일)을 하고 대나무 낚싯대로 망둥이(망둑어)를 잡는 재미도 있었지만 갓 잡아 온 싱싱한 망둥이에 늙은 호박을 넣고 끓인 매운탕과 어머니의 손수 만드신 맛있는 반찬으로 무더운 여름철 더위에 잃은 입맛을 되살렸다.
 또한 애호박에 갓 잡아온 바지락살을 넣어 볶아낸 반찬은 쌀 한 톨 찾아보기 힘든 시커먼 꽁보리밥이었지만 게 눈 감추듯 밥 한 사발을 비우곤 했었다.
 배가 부르면 원두막에 올라 흰 구름을 바라보며 밀린 여름 방학 숙제를 하다 보면 어머니는 텃밭에서 자란 옥수수와 감자를 삶아 쟁반에 담아 오시면 그것으로 맛있게 점심 한 끼를 해결하였다.

그러한 모든 것이 모두 행복이란 것을 부모님 돌아가시고 나서 한참 후에야 알게 되었다.

그렇게 행복이란 것은 늘 우리 곁을 잠시 왔다가 사라지지만 당시에는 그것이 행복이란 것을 전혀 느끼지 못하고 지나가곤 했었다.

그러나 이제는 살아 있는 순간순간 나에게 다가오는 행복을 느끼며 살고 싶다.

반가운 입추

 아직 말복이 남아 있지만 조석으로 서늘한 바람이 불어오고 하늘은 한층 높아져 가는 입추가 다가왔다.
 가는 여름이 아쉬운 듯 미루나무 꼭대기에 말매미는 소리 높여 울고, 풀 섶 아지트의 귀뚜라미는 가을의 전령사가 되어 가을이 오고 있다는 계절의 신호를 보내고 있지만 아직도 한낮은 찜통더위가 지속된다.
 그러나 하루가 다르게 아침저녁으로 계절은 선뜻 가을의 문턱으로 다가갈 것이다.
 인생에서 환갑은 입추를 일컫는 말이듯 건강이 받쳐주고 몸이 멀쩡하니 한여름 같겠지만 나이가 들어가면서 한해마다 달라짐을 몸으로 느끼게 된다.
 늦더위가 지나가고 입추가 우리 곁에 시나브로 다가오듯 세월이 아무리 바쁘게 돌아가도 늦지 않게 인생의 입추 계획을 세우는 지혜가 필요하다.
 입추가 말복보다 앞서 찾아오는 이유는 계절의 변화를 미리미리 준비하라는 자연스러운 우주의 배려이자 계절의 알림인 것이다.
 계절은 바뀌어 가며 우리에게 교훈을 주지만 늦기 전에 주어진 인생을 떠날 준비를 해야 하며, 남아 있는 시간을 서로 사랑하며 사는 것이 정답일 것이다.

가을의 문턱에서

며칠 전만 해도 에어컨 없이는 잠들기 어려웠던 폭염과, 세상을 집어삼킬 것 같은 태풍과 장마가 지나가고, 귀청을 따갑게 울리던 매미 소리도 점점 잦아들었다.

이제는 풀숲에서 우는 초가을 풀벌레 울음소리가 한층 더 높아만 간다.

처서를 지내면서 폭주하던 여름의 기세는 확실히 한풀 꺾였고 거실 창으로 밀려드는 찬 기운이 선뜩해서 잠에서 깨어 거실 창문을 닫고 이불을 끌어다 덮을 정도이다.

가을의 문턱인 9월이 다가오면 어머니는 고향집 길목에 코스모스와 백일홍을 심어 놓으시고, 추석을 맞아 객지로 떠났던 가족들이 돌아오기를 기다리고 계셨다.

봄부터 무더운 여름 내내 들판에 나가서 고추며 참깨며 마늘이며 돈 살 만한 곡식들을 모두 모아 약하신 몸으로 머리에 곡식을 가득 이고 나가 당진읍내 장터에서 팔아서 돈을 샀다.

그 돈으로 한가위에 필요한 것을 준비하시고 온 가족이 둘러앉아 웃음꽃을 피우기를 기대하며 어머니는 그렇게 무더운 여름을 하루처럼 보냈다.

가을은 떠나고 싶은 계절이다

　가을 서리가 내릴 무렵이면 누렇게 물들었던 내 고향 황금 들판에는 수확이 모두 끝나가고 볏단에서 뛰놀던 메뚜기도 보이지 않을 때가 되었다.
　수확이 끝나 가면 논두렁 쥐구멍을 찾아 벼이삭을 주워 학교에 제출했던 일들이 생각난다.
　가을 운동회가 끝난 뒤 하굣길 신작로에 코스모스가 내 마음과 같이 흔들거리던 모습도 떠오른다.
　가을에는 낙엽이 모두 지기 전에 어디론가 떠나고 싶다. 그곳은 굳이 멀리 있는 설악산이나 내장산일 필요도 없고, 울긋불긋 단풍잎이 곱게 물들어 있는 가까운 산이라도 괜찮다.
　스치는 삭은 바람에도 억새꽃이 흔들거리고, 단풍잎이 그 무게를 견디지 못하고 떨어져 어디론가 날아가 수북하게 쌓이면 낙엽 밟히는 소리 따라 무한정 걷고 싶은 계절이다.
　가을바람에 흩날리는 억새 물결을 따라 외투 깃을 높게 세우고 두 손을 주머니에 넣은 채 떨어지는 아름다운 석양을 응시하면서 목적지 없이 무작정 어디론가 걷고 싶은 계절이다.
　고희를 바라보는 적지 않은 늦가을 나이에 욕심 없이 모든 것 내려놓고 앞만 보고 달려왔던 젊은 시절의 화려하고 찬란한 옷도 벗어놓고 이 가을을 맞이하여 단풍잎으로 곱게 물든 아름다운 계절처럼 남은 인생을 예쁘게 장식하고 떠나고 싶은 계절이다.

 열매의 계절이지 않은가?

 무언가 남기고 떠날 준비를 해야 하는 계절. 나는 이 세상에 무엇을 남기고 떠날 것인가?

 오늘은 가을을 느끼며 깊은 생각에 젖어보고 싶다.

맛있는 솎음김치

  늘 먹는 김치이지만 김장하기 위해 모종 심은 것을 솎아내서 담근 '솎음김치'는 추석 전에만 맛볼 수 있는, 어머니가 담가 주었던 정말로 맛있는 김치이었다.
  그런 김치는 서울에서는 맛볼 수가 없다. 부모님과의 옛날 얘기하던 중 둘째누님이 나를 생각해서 김장 농사하는 농부의 밭으로 나가 일을 거들어 주고 얻어온 솎은 배추로 김치를 담가 보내 주셨다.
  어릴 때 어머니가 해주시던 그 맛에 다른 반찬 없어도 젓가락은 그쪽으로만 향하고 우리 가족은 어느새 금방 밥그릇이 비워 갔다.
  누님의 향기를 느끼게 하는 오늘 저녁 평소 맛보기 힘든 맛있는 솎음김치를 정성껏 보내주신 누님께 감사의 전화를 드려야겠다.

동생이 보내준 바지락

매년 보리이삭이 고개를 숙일 때면 잊지 않고 동생은 바지락을 보내온다.

그것은 어린 시절 함께 먹었던 바지락 칼국수가 생각나게 해서 그럴 수도 있고, 회사 생활하면서 가끔 술을 해야 하기에 건강을 위하여 아침 해장국 끓여서 속을 풀라는 의미이기도 할 것이다.

아닌게 아니라 술을 마신 다음 날 아침 끓여주는 바지락 해장국은 무엇과도 비교할 수 없는 최고의 해장국인 것이다.

그리고 그때가 가장 바지락이 굵고 실해서 보내온 바지락을 해감하여 냉동고에 넣어놓고 필요할 때마다 국을 끓여 먹으면 족히 일 년은 먹을 수 있다.

그렇게 형을 생각하는 동생이 늘 고맙다. 오늘도 동생이 보내준 바지락국을 먹으며 동생의 건강과 그의 앞날에 축복이 있기를 기원해 본다.

친구와 산삼

나에게는 소중한 친구가 하나 있다.

그는 운동에 타고난 재주가 있어서 달리기는 물론 무술에도 뛰어나다. 운동이라면 못하는 것이 없는, 그래서 그의 별명은 '하소룡'이다.

자녀들 모두 잘 성장시켜 인생을 즐길 즈음에 그만 덜커덕 그에게 암이 찾아왔고, 수술을 받고 암과의 전쟁이 시작됐다.

워낙 낙천적이고 운동을 좋아해서 그는 거의 매주 산에 오르고, 산에 오를 때마다 가끔 찾아낸 귀한 산삼과 약초, 몸에 좋은 것들을 먹은 덕분에 무서운 암도 흔적도 없이 사라져 갔다.

그런 그가 휴일 아침 일찍 산삼을 들고 내게 달려왔다. 엊그제 산에 올랐는데 귀한 산삼을 찾았다는 것이다. 그리고는 그 귀한 산삼을 건네주었다.

"야 임마, 이것은 네가 먹고 건강해야 하잖아!"

"아니야, 나는 이제 괜찮고 너는 먹어본 적이 없잖아."

하며 산삼을 건네주곤 차창 밖으로 손을 흔들며 되짚어갔다.

떠나가는 친구를 바라보며 고마움의 마음이 가득했다. 남은 인생 건강하게 우정을 나누며 오래오래 살아가자고 마음속으로 다시 한번 약속을 한다.

겨울이 지나가는 길목에서

두꺼운 외투와 목도리를 둘렀는데도 십여 분 거리인 옥수 전철역까지 걸어가는데 한강에서 불어오는 매서운 바람에 얼어붙은 귀를 비벼대던 때가 엊그제 같은데, 벌써 강가 버드나무에는 연두색 물이 오르고 달맞이공원 양지 바른 쪽에는 개나리와 매화꽃이 얼굴을 내밀고 반갑게 맞아준다.

뒷동산 나무에 한 쌍의 까치가 바쁘게 움직이며 마른 가지를 물어다가 둥지를 틀고, 한 쌍의 남녀가 벤치에 앉아 사랑을 속삭이며 여름에나 볼 수 있는 한강에서는 벌써 윈드서핑을 즐기고 있다.

칠순을 바라보는 나이가 되고 보니 봄을 맞이하며 보이는 모든 것이 모두 아름답기만 하고 머릿속 생각은 자꾸 과거 어린 시절로 돌아간다.

먹을 것이 궁했던 어린 시절 이맘때 즈음엔 동네 친구들과 삽과 곡괭이를 들고 칡뿌리가 있는 곳을 찾아 산을 헤집고 다녔다.

누이들 따라 호미를 들고 동네 논둑과 밭둑으로 솟아오르는 달래며 냉이를 캐어 오면 어머니는 맛있는 달래 된장국과 냉이

국을 끓여 맛있는 저녁 반찬을 만들어 내셨다.

　어디 그뿐이던가?

　누이들 따라 구로지 바다로 나가면 파래가 바다에 널려 있었다. 시간이 지나면 우리들의 구럭에는 파래와 말미잘이 채워지고 어머니는 햇빛 잘 드는 집 근처에서 파래를 말리셨다.

　달래와 함께 버무려진 새콤한 파래무침과, 말미잘 볶음, 말미잘국은 봄철 입맛 당기는 최고의 반찬이었다.

　엊그제 서산에 사시는 누님께서 청태를 보내 주셨다. 오랜만에 식구들과 청태를 맛보며 누님과 함께했던 행복했던 시절이 생각나서 감사의 인사를 드렸다.

찬비가 내리는 겨울날

   저물어 가는 올 한 해를 마감하듯, 오랜 기억을 되살리듯 차가운 겨울비가 내린다.
   가슴 깊숙이 떨어지는 빗방울 소리에 오래된 아련한 추억들이 겨울비에 젖는다. 겨울비는 그칠 줄 모르고 추적추적 내리고 있다.
   어느새 세월은 소리 없이 흘러서 아득한 옛날이 되어버린 지금, 명절 때 빡빡머리 깎으러 동네 이발소 갔던 일, 영랑골 넘어 당진시장 구경하러 갔던 추억들이 모두 엊그제 같은데 벌써 세월은 빠르게 흘러 바람과 같이 지나가 버렸다.
   겨울에 목욕하기도 어려웠던 그 시절 명절 때면 아버지를 모시고 당진읍내 목욕탕에 가서 굽어진 등허리를 밀어드리며 눈물을 훔치던 시간이 엊그제 같이 느껴진다.
   이젠 기억조차 흐릿해지고 세월은 유수와 같이 흘러 내 나이가 옛날의 아버지, 할아버지가 되어 가고 있으니 빠른 세월만 한탄할밖에 되돌릴 도리가 없다.
   겨울인데 겨울답지 않게 눈 대신 겨울비가 내리고 아무리 봄 날씨 같아도 겨울비가 내리고 나면 일교차가 크기 때문에 이럴 때일수록 늙어가는 몸 관리에 더욱더 신경을 기울여야겠다.

감사의 계절

 여름철 한길 가에 심어놓은 코스모스가 높은 하늘 밑에서 가을바람을 타고 하늘거리고 초가지붕 담장 밑에서는 지나가는 가을을 아쉬워하는 귀뚜라미가 노래를 부르면 텅 빈 것 같은 내 마음속에는,

 아름다움,

 설렘,

 그리움.

 그리고 사랑이라는 단어들이 뭉게구름처럼 떠올랐다.

 그 뜨거웠던 여름을 이기고 모진 세월을 달려온 아버지가 뒷짐을 지고 노란 황금 들판을 되돌아보며 입가에 미소를 띠고 허리띠를 질끈 둘러맨 어머니가 건너 밭에서 고구마 넝쿨을 걷어내면 어린애 머리통 크기의 고구마가 땅속에서 줄줄이 딸려 나왔다.

 그러면 어머니를 도와서 사랑방 위쪽 퉁가리에 고구마를 열심히 옮겨서 저장해 두면 그것은 겨우내 구워도 먹고, 쪄도 먹고, 깎아도 먹었다.

 고구마는 긴긴 겨울 허기를 달래주는 맛있는 간식이 되었다.

조용한 마을에 교회 종소리가 울려 퍼지고 추수 감사절이 다가오면 각자 집에서 수확한 큼지막한 호박이며, 고구마와 무, 배추를 가져와서 풍성한 경연대회를 열었고 상품을 받아든 우리는 감사의 기도를 드렸다.

그것은 자연이 가족에게 베풀어 주는 감사 기도요,

함께 열심히 함께 살아온 가족에 대한 감사함이요,

풍성한 수확을 이루게 해 주신 하나님에 대한 감사의 기도였다.

여유로운 휴일을 보내며

 눈을 떠서 바라보는 한강과 초록 물결의 달맞이공원에서 들려오는 아름다운 새소리가 마음을 편안하게 해주는 기분 좋은 휴일 아침이다.
 달맞이공원을 오르며 핸드폰에서 흘러나오는 아름다운 음악은 복잡한 마음을 깨끗하게 정화시켜 주고 음악을 따라 콧노래를 부르면 새들도 함께 노래하자는 듯 가까이 다가오는 것 같다.
 항상 자동차들이 바쁘게 달려가는 올림픽대로와 강변북로는 주말을 맞아 여유로움을 찾은 듯하고, 한강에서는 팔뚝만 한 물고기들이 높이 날고픈 꿈에 물 위로 치솟았다 물속으로 곤두박질친다.
 장마철에 내리는 빗소리가 노래가 되고 밥 짓는 아내의 분주함이 집 안 가득 퍼지면 하나둘 식탁에 모여 함께 조잘대는 집이라는 공간이 있어 행복하다.
 오늘도 하루라는 시간을 이쪽저쪽 맞추어 보지만 인생을 하나의 미술 작품처럼 기대와 설렘이 가득했던 어린 시절 소풍처럼 그렇게 내 삶을 하나둘씩 채워가고 싶다.
 도심에 살면서 마음의 여유로움을 갖고 살아갈 수 있어서 행복하다.

한해를 보내며

어느새 훌쩍 가버린 올 한 해를 뒤돌아보며 때로는 행복했고, 즐거웠고, 힘들었던 시간을 뒤로 하고 이제 추억 속으로 넘어가려 그 순간 순간들이 작별의 손짓을 하고 있다.

이제는 돌아올 수 없는 날 들이기에 한 폭의 수채화처럼 기억의 저편에 걸어두려고 한다. 지금 이 순간 올 한 해가 아쉬운 점도 많지만, 그렇다고 가는 세월을 잡을 수도 없고, 아쉬워할 필요는 더더구나 없다.

다만 앞으로 다가오는 시간은 좀 더 즐겁고 행복한 시간으로 꾸며보리라 다짐하면 된다.

매일 매일을 나만의 행복을 발견하며 즐겁게 살아가는 것이 고희를 맞은 나이에 남은 인생을 살아가야 하는 지혜인 것 같다.

아주 옛날 두보는 그의 시 〈곡강(曲江)〉에서 '인생칠십고래희(人生七十古來稀)'라고 하며 일흔 살까지 사는 것이 극히 드문 일이라고 했다지만, 내 나이가 그 나이 임박하고 보니 나 역시 이제껏 살아온 것만으로도 그저 감사하며 살아갈 일이라는 생각이 든다.

터벅터벅 걸어온 발자취를 뒤돌아보니 나의 삶이 그렇게 잘 산 것도 그렇다고 후회될 만한 것도 없지만 서로에게 주어진 삶이 다르듯 속도와 방향이 서로 다르기 때문에 각자에게 주어진 나름의 삶을 서로 인정하고 한 해 동안 수고했다고 서로에게 박수를 보낼 일이다.

내일이면 다시 새로운 마음으로 다시 하얀 도화지에 그림을 그리듯 잔잔한 설렘으로 그리며 새해를 맞이하고 싶다.

아름답게 살아가는 사람들

　아름답게 살아가려는 사람은 자신의 삶을 사랑하지만 타인의 삶도 소중하게 생각합니다.
　자신에게 배어있는 내외적인 인격을 잘 정리하여 행동에 앞서 준비가 철저하며 화해와 이해가 아름답고 긍정적인 마음으로 가난 정도를 창피함에 척도를 두지 않습니다.
　그것을 아픔으로 만들지도 않으며 자신의 소유 여부가 타인보다 작고 초라하여 가난한 삶이라 하여도 신체적으로 정신적으로 맑은 영혼을 잃어버리지 않으려 노력합니다.
　진정 아름다운 사람들은 성공 속에만 자신의 전부를 끼워놓지 않고 자신이 짊어진 삶을 비관하지도 않습니다.
　그들의 삶을 보면 그들은 순리라는 동그란 바퀴를 달아 성공이라는 침착함에 고지를 멀리 정하고 서서히 굴러가며 자신의 영역을 아름답게 만들어 갑니다.
　욕심 따위에 길들지 않고 좋은 인간관계를 쉽게 저버리지 않으며 쟁취욕에 순종하지 않을 뿐더러 죄악을 만들지 않고 소유에 집착하지도 않습니다.
　사랑스러운 마음만 그득히 품고 아름다운 사람을 배신하지도 않습니다.
　　　　　　　　　- 이석희 시집 〈삶도 사랑도 물들어가는 것〉 중에서

古稀記念 손성기 산문집
새터마을 황소집
셋째아들, 세상 사는 이야기

 예 다 인

서울특별시 중구 충무로7길 21
T. 010.4357.5005
F. 02.2266.5005
E. w8585@hanmail.net

- 지은이 : 손 성 기
- 교정인 : 이 진 훈
- 디자인 : 기 태 호
- 편집인 : 이 형 우
- 펴낸이 : 유 재 경
- 펴낸날 : 2024.9.30

ISBN 979-11-973518-8-4

값 : 20,000 원